人間行動と組織行動

— パフォーマンス向上の視点から —

博士（経営工学） 西口　宏美 【著】

コロナ社

「人間行動と組織行動——パフォーマンス向上の視点から——」 正誤表

頁	行・図・式	誤	正
3	上から6行目	人間の行動は	人間の行動（B）は
24	下から3行目	10 000フィート単位の	10 000フィートの位
25	図2.9 (a)〜(c) キャプション	フィートの単位の読み	フィートの位の読み
29	図2.13中	消しゴムを運んで、ボールペンを置く。	消しゴムを運んで、ノートの上に置く。
31	下から2行目	ラプス	スリップ
〃	下から1行目	ラプス (lapse)	スリップ (slip)
32	上から2行目	スリップ	ラプス
〃	上から3行目	スリップ (slip)	ラプス (lapse)
43	上から 12〜13行目	どの職務遂行に	どの程度職務遂行に
68	式(4.5)	不良品の数量	良品の数量
89	上から9行目	縦の機能と	縦（指揮・命令）の機能と
〃	〃	横の機能が	横（支援）の機能が
98	上から11行目	上司は部下に	職場の中で自分を
128	上から 4〜5行目	日常生活動作（ADL）や日常生活関連動作（IADL）	日常生活行為（ADL）や手段的日常生活行為（IADL）

最新の正誤表がコロナ社ホームページにある場合がございます。
下記URLにアクセスして［キーワード検索］に書名を入力してください。
https://www.coronasha.co.jp

①

ま　え　が　き

　人間は，家庭，地域，職場といった人間の集合体である「組織」の中でさまざまな「行動」をとっている。家庭においては日常生活を営み，地域においては他者との交流を行い，職場においては他者との連携をとりながら自らの職務を遂行している。これらの「行動」の結果は「パフォーマンス（成果）」として捉えられ，それらを高めることは「人間の生活の質（QOL）の向上」や「組織の機能の効率化」に繋がる。

　それでは，なぜ人間は行動するのであろうか？　それは，なんらかの目的を達成するためである。「思いどおりに目的が達成できたか否か」，つまりパフォーマンスは，**図1**に示すとおり，行動時に用いる自らの人間の機能や能力，さらには行動時の状況（そのときの心理状態や周りの環境など）にも影響を受ける。したがって，自らの持ちうる人間機能をその場の状況に応じて活用し，目的を達成させる力が「能力」ということになる。

　本書は，おもに人間の機能と能力に焦点を当て，それらを客観的に評価するための方法や手順，さらには人間の能力に影響を与える要因について多面的に

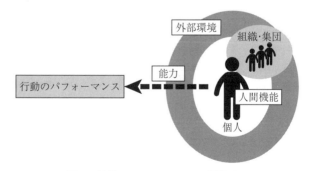

図1　行動のパフォーマンスの影響要因

解説することを目的としている。また，持ちうる能力を最大限に発揮し，最良のパフォーマンスを発揮できる環境を提供するための方策についても，解説を試みている。すなわち，本書は，経営に関する分野について学ぶ方々，また看護・福祉，リハビリテーション分野において人間の自立支援策について学ぶ方々だけでなく，企業において人的資源管理（human resource management）に携わる実務者にも，有用な知識を身に付けてもらえることを念頭に置き執筆されている。

本書は 7 章で構成されている。本書を構成する各章を読み進めることにより得られる知識は，**表 1** に示すとおりである。

表 1　各章で得られる知識

章	テーマ	得られる知識
1	人間の行動と生活の質の評価	生活における人間の行動とその場について理解できる。また，生活の場における行動の成果の評価指標について理解できる。
2	人間行動と機能・能力	人間はある目的を達成するために行動をする。その行動に必要な人間機能とはなにかについて理解できる。また，機能と能力との関係について理解できる。
3	最適な人材確保と知識・技能の共有	組織を円滑に運営するために人材を効率的に活用する方策である人的資源管理の考え方について理解できる。また，職務に対する人材の特性の評価方法について理解できる。
4	より良い職務遂行環境の提供	いくら優秀な人材であっても，優れた職務遂行方法が提供されなければ，良い成果は収められない。そのための良い職務遂行方法の提供の仕方について理解できる。
5	個人と組織の行動とパフォーマンス	組織は複数の個人で構成され，組織の目標に向かって行動している。個人と組織のパフォーマンス向上のための方策について理解できる。
6	人間機能の多様性と能力の支援	人間の機能はさまざまな原因により変化する。その大きな原因である加齢や疾病などと機能変化との関係について理解できる。
7	高度情報処理技術の活用と人間行動	高度情報化社会の進展により人間の行動様式が変化している。高度情報技術の浸透と人間の行動の変化について理解できる。

本書は，筆者が大学において担当しているインダストリアルエンジニアリング，人的資源管理，そして福祉工学の講義ノートをもとに書き起こしたものである。この三つの授業科目はじつは密接に関係しているため，授業間で内容が

重複する場合が多い。**表2**に，学びたい領域と各章との関連を示す。読者の皆さんが学びたい分野において，◎が付いた章に関しては，まず目を通して精読していただきたい。○が付いた章は，◎が付いた章を理解した上で読み進めていただくと，人間の機能と能力について，より深い理解が可能となるであろう。

表2　学びたい領域と各章との関連

章	テーマ	インダストリアルエンジニアリング	人的資源管理	福祉工学
1	人間の行動と生活の質の評価	◎	◎	◎
2	人間行動と機能・能力	○	○	◎
3	最適な人材確保と知識・技能の共有	○	◎	
4	より良い職務遂行環境の提供	◎	○	○
5	個人と組織の行動とパフォーマンス		◎	
6	人間機能の多様性と能力の支援	○	○	◎
7	高度情報処理技術の活用と人間行動	◎	○	○

　本書の対象読者別には，経営に関する分野について学びたい読者はインダストリアルエンジニアリングと人的資源管理の領域を，看護・福祉・リハビリテーション分野において人間の自立支援策について学びたい読者は福祉工学の領域を，そして人的資源管理に携わる実務者の方々はすべての領域について精読していただくとよい。

　本書においては，われわれ人間を表す言葉として，「人」「ヒト」「人間」「作業者」「従業員」「労働者」「メンバー」など，生活の場や職務における役割分担の違いを考慮して，ふさわしいと考えられる表記を用いた。これは，同じ人間でも生活の場や社会的役割の違いにより呼び方が異なる，つまり，自分の置かれている立場により行動（振る舞い）が異なるためである。

　詳細に説明しきれなかった内容や具体例に関しては，各章の章末問題を解くことで補足できるようにしてある。各章を精読した後に，ぜひ読者自身で解答を

作成し，巻末の解答例と見比べていただきたい。また，`http://nishiguchi.world.coocan.jp/corona/` にも関連情報を記載してあるので，ぜひ参照していただきたい。

　まえがきの最後として，本書の企画をご提案いただき，筆の遅い筆者を叱咤激励いただいたコロナ社編集部に心より感謝の意を表する次第である。本書を通じて，読者の皆様の「人間の機能と能力」に対する認識がより一層深まれば，筆者にとって喜びの極みである。

2020 年 1 月

西口宏美

目　　　次

1.　人間の行動と生活の質の評価

2.　人間行動と機能・能力

3.　最適な人材確保と知識・技能の共有

4.　より良い職務遂行環境の提供

5.　個人と組織の行動とパフォーマンス

6.　人間機能の多様性と能力の支援

7.　高度情報処理技術の活用と人間行動

1 | 人間の行動と生活の質の評価

　われわれは，家庭内や近隣の地域，職場といった生活の場においてさまざまな活動を行っている。家庭内においては日常生活行為と呼ばれるほぼ毎日繰り返して行う活動，近隣の地域においては買い物や通院，また近隣住民との交流などを行っている。さらに，職場においては経営組織において役割分担された職務を遂行する。**図 1.1** に示すように，人間の行動には，個人レベルで行うものもあれば，組織（人間の集まり）の中の一員として活動するものもある。このように活動の場が異なると，人間の行動内容も変化する。本章においては，これらさまざまな生活の場における人間行動のプロセスについて明らかにするとともに，その質の評価尺度について解説する。

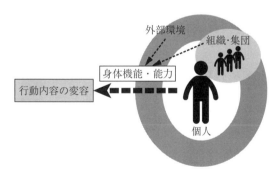

図 1.1　人間の行動と影響要因

1.1 人間行動とは

行動（behavior）とは，目的を達成するための精神的機能や身体的機能を用い
た身体活動のことである。行動には，人間が持ちうるこれらの機能を合理的に組
み合わせて形にする必要がある。それでは，人間にはどのような**機能**（function）
があるのであろうか？

図1.2 に示す **S-O-R モデル**に基づいて考えてみよう。このモデルは人間の情
報処理モデルとも呼ばれ，**ハル**（Hull, C.L.）により提唱された人間の行動モデ
ルの一つである[1]†。このモデルにおいて，S は stimulus（刺激），O は organism
（有機体），そして R は reaction（行動）あるいは response（反応）の頭文字
を取ったものである。このモデルでは，以下のように人間の行動プロセスが示
されている。まず，人間の周りにある景色や音といったさまざまな情報（刺激）
が感覚（受容）器から取り入れられ，**感覚情報**として大脳皮質に代表される中
枢神経系に伝達される。つぎに，中枢神経系においてこの感覚情報は**知覚情報**
として加工され，さらに行動の内容を決定する意思決定が認知処理により形成
され，行動が遂行される。

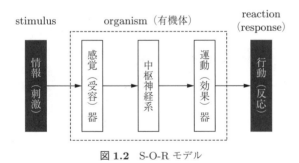

図 1.2 S-O-R モデル

この S-O-R モデルは，外部の情報（刺激）が人間という有機体の中に取り入
れられ，その中で処理された意思決定に基づいて人間行動が遂行されるという

---

† 肩付き番号は巻末の引用・参考文献を示す。

一連の処理をモデル化したものである。しかしながら，同じ情報であっても，人間が異なったり，置かれた状況が異なると，意思決定の内容が異なる。

このような状況を，**レヴィン**（Levin, K.）は**場の理論**（theory of place）に基づき，人間の行動を B（behavior），その人間が持っている人間特性を P（person），そしてその人間が置かれている状況を E（environment）とし，$B = f(P, E)$ という式で説明している[2),3)]。この式では，人間の行動は人間特性（P）だけではなく，人間を取り巻く諸環境（E）にも大きな影響を受けることを示している。レヴィンは，P と E，つまり人間特性と人間を取り巻く諸環境を合わせた空間を人間の生活の場（life space）として捉え，人間行動を見ていく必要があると主張した。

また，**ローズ**（Rouse, W.R.）は，**図 1.3** に示すように，**N-B-P**（needs-belief-perception; 欲求 - 信念 - 知覚）を用いて，人間行動を以下のように説明している[4)]。まず，知覚は，欲求と信念に大きな影響を受け，さらに欲求や信念は生得情報や習得情報に大きな影響を受ける。ここで，生得情報とは生まれつき持っている人間特性であり，習得情報とは経験や学習によって身に付けた人間特性のことを指す。

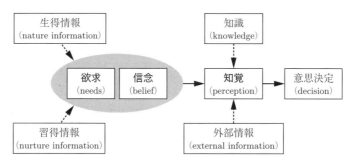

図 1.3　N-B-P モデル

以上のように，人間の行動は人間の特性だけではなく，生活する地域の特性や人間関係など多種多様な環境要因に影響を受ける。最初に引用した S-O-R モデルでは，取り入れた S － 情報（刺激）に対して知覚・認知処理が行われ，それに基づき意思決定がなされて反応行動がとられることを説明した。しかし，異

なる人間，異なる環境では，同じ情報に対しても異なる行動をとる場合がある
ということを念頭に置いて，人間の行動を観察していく必要がある。

1.2　人間の生活の場

1.2.1　家庭での生活

　家庭は，日常生活における人間の行動の最も基本となる場所である。ここでは，
ほぼ毎日繰り返す**日常生活行為**が営まれる[5]。日常生活行為は，英語の activity
of daily living の頭文字を取り，ADL とも呼ばれる。この日常生活行為は，起
居，移動・移乗，整容・更衣，食事，排泄，入浴，コミュニケーション（書字を
含む）といった行為群で構成される。加齢による身体機能の低下により，これ
らの日常生活行為が困難になってしまうと，他者の介助を必要とする**要介護**状
態となる。よって，日常生活行為の遂行度合いが家庭内における日常生活の自
立の度合いの指標として用いられる場合が多い。なお，本書においては「日常
生活行為」と記述しているが，一般的には「日常生活動作」と記述される。動
作は人間の行為を構成する基本単位であり，行為という概念のほうがふさわし
いと，本書では判断した。以下に，日常生活行為の内容について説明する[6]。

(1) 起居

　起居は，「立つ⇔座る」という行為で，畳や床の上に座った状態から立つ（立っ
た状態から畳や床の上に座る）あるいは椅子に座った状態から立つ（立った状
態から椅子に座る）行為である。「就寝する⇔起床する」という行為も含まれ，
「立つ⇔座る」に加えて，座った状態から仰臥位になる（仰臥位の状態から座
る）という行為が要求される。介護の場面では特に注目すべき行為である。

(2) 移動・移乗

　移動は，身体の空間的位置を変えるための動作で，通常は下肢機能を用いて
歩行することにより行う。また，**移乗**はベッドと車いす間の乗り移りの行為で
ある。起居動作と同様に移動や移乗の行為が困難な場合には，残存機能を活用

したり，福祉用具を用いる。特に，手すりや歩行用杖を利用しても歩行による移動が困難な場合には，車いすを利用することとなる。

(3) 整容・更衣

整容は，洗面や歯磨き，爪切りや整髪，さらには化粧などの身支度を行う行為であり，主として両手を用いる動作である。**更衣**は，下着や衣服，靴下やストッキングを身に着けたり脱いだりする行為や，ネクタイやスカーフを首に巻いたり取り外したりする行為のことである。

(4) 食事

食事は，人間が生命を維持していくための生理的欲求を満たすものとして欠かすことのできない行為であり，一般的には利き手で箸やスプーン（あるいはフォーク）を持ち，もう一方の手で食器を保持するなどして食べ物を口に運び，咀嚼して飲み込む一連の動作で構成される行為である。

(5) 排泄

排泄は，食事により摂食した食べ物を消化した後，体外に排出する行為である。排泄動作を適切に行うためには，尿意や便意を感知できること，便器のあるところ（通常はトイレ）まで自分の力で移動できること，排泄のために着衣の脱着や便器に着座ができること，排泄のコントロールができること，排泄後の後始末ができることなどが要求される。

(6) 入浴

入浴は，身体の清潔を保つために欠かせない行為であり，疲労回復や気分転換などの効果を持つとされている行為である。一般的には，衣服を脱着する，浴槽をまたぎ湯船に入る（湯船から出る），身体や髪を洗う・拭くなどの動作が要求される。

(7) コミュニケーション

コミュニケーションは，他者との意思疎通の行為であり，会話や書字が用いられる。

1.2.2 地域での生活

地域とは，日常の生活を営む上で行き来する範囲のことをいう。例えば，日常生活品を買い求めるスーパーやかかりつけの医院などのある居住地域における生活である。このような，家庭内だけではなく地域内で営まれる日常生活行為を**手段的日常生活行為**（instrumental activities of daily living; **IADL**）と呼び，これには電話連絡，一人での外出，日常品の買い物，食事の用意，家事や洗濯，服薬や金銭の管理などが含まれる[7]。加齢による身体機能の低下に加え，認知機能の低下が生じると，このような手段的日常生活行為が困難となり，地域での諸活動や他者との交流が困難となってしまう。よって，地域における活動の度合いを測るための指標として用いられる。

1.2.3 職場での生活

職場とは，職業生活を営む場所である。世の中にはたくさんの職業がある。日本においては，**日本標準職業分類**により職業が 12 項目に分類されている[8]。各項目に必要な職務能力も多種多様であり，それらの職種において高いパフォーマンスを発揮するには，その職務を十分に遂行可能な**職業適性**が要求される。また，経営組織には営利組織である民間企業，国や地方自治体，特定非営利団体（NPO）などがある。

職場における生活は家庭生活と異なり，自分の所属する経営組織において他のメンバーとともに組織の目的を達成するために協働する。つまり，職場においては，自分の有する職務能力を十分に発揮するためにモチベーションを維持・向上させたり，組織の活性化のためにリーダーシップの発揮などが重要となる。

1.3 生活の場とその質の評価

図 1.4 に示すように，われわれは家庭，地域，職場といった複数の場で生活を営んでいる。われわれ人間の生活に対する満足感は，生活の場における行動の質により決まるといっても過言ではない。それらの評価の指標として，**生活**

図 1.4　人間の生活の場

の質や職業生活の質が用いられる。また，個人のみならず地域社会における住民の満足度を評価する指標として，社会的満足（social satisfaction; **SS**）という概念も生み出されている。以下に，人間の生活の場におけるその質の評価概念について解説する。

1.3.1　生活の質（QOL）

　生活の質は，もともと英語の QOL（quality of life）を日本語に訳したものである。この生活の質は，健康状態に大きく影響を受けると考えられている。1947 年，世界保健機関（World Health Organization; WHO）は健康憲章の中で，「健康とは，完全な肉体的，精神的及び社会的福祉の状態であり，単に疾病又は病弱の存在しないことではない。到達しうる最高基準の健康を享有することは，人種，宗教，政治的信念又は経済的若しくは社会的条件の差別なしに万人の有する基本的権利の一つである」[9] と定義している。ここで，QOL を上記に示した健康の度合いに相当すると考えると，QOL の評価尺度として以下の五つの尺度が用いられる。

- 身体的状態（physical status and functional abilities）
- 心理的状態（phycological status and well-being）
- 社会的交流の状態（social interactions）

- 経済的・職業的状態（economic and/or vocational status）
- 宗教的・霊的状態（religious and/or spiritual status）

宗教的・霊的状態については，1998 年に追加されている。人間個体の機能や能力の状態に関しては，身体的状態や心理的状態で QOL を把握することが可能であるが，社会的存在としての QOL は社会的交流や経済的・職業的状態の評価が欠かせない。さらに，この QOL の概念は，高齢者の健康や保健，介護の分野にも組み込まれ，高齢者の居住する地域における QOL 向上のための研究が進められるようになっている[10]。

これらの QOL の評価尺度のうち，身体的状態に関しては加齢などにより他者の介助を要する要介護の状態であるかどうかの判定（**要介護認定**）に用いられる。具体的な評価方法については，6 章において詳細に解説する。

1.3.2　職業生活の質（QWL）

「職業生活の質」は，英語の QWL（quality of working life）を日本語に訳したものである。この QWL の概念は，人間らしい働き方の指標として高度成長時代に生まれたものであり，この概念が生まれた背景には，分業化が進んだ大量生産の現場において，単純繰り返し作業に従事する作業者たちの仕事に対する批判的な感情があった。国際労働機関（International Labour Organization; ILO）が 1974 年から 1979 年にかけて「労働時間や余暇の利用，賃金体系の見直しなど」を目標とした長期計画を開始したことにより，QWL は世界中で注目を浴びるようになった[11]。人間の仕事に対する感情を**職務意識**（job consciousness）と呼び，これがより良い状態に保たれることによって QWL の向上が期待できる。

ここで，職務意識にはどのようなものがあるか考えてみよう。本章の冒頭においても述べたように，人間はある目的を達成するために行動する。ここで，「目的＝職務を遂行すること」と仮定しよう。職務を遂行した結果であるパフォーマンスが高まることは，経営組織の望むところである。そのために，働き手の**労働意欲**（ワークモチベーション）を向上させたり，組織を目標に向かって動か

すリーダーシップを明確にするなどの方策がとられる。そして，かりに高い労働意欲のもとで高い成果が発揮できれば，**図 1.5** に示すように，職務遂行に対する職務能力の高さの自覚が生じ，最終的に職務の満足感に変化していくと考えられる。

図 1.5 職務意識とは

なお，**自己効力感**（self-efficacy）とは，**バンデューラ**（Bandura, A.）により提唱された概念[12]で，「ある結果を生み出すために必要な行動をどの程度うまく行うことができるかという個人の確信」[13]と定義されている。また，**職務満足感**（job satisfaction）とは，「自らの遂行する職務に対して積極的で良い感情を持つこと」である。

┌─**コーヒーブレイク**─────────────────────────

CSR と SS

昨今，営利企業においては組織の営利のみを追求するだけではなく，**企業の社会的責任**（corporate social responsibility; **CSR**）を果たすことが要求される時代となっている。例えば，工業製品メーカーであれば，天然資源を原材料として製造活動を行っている。4 章の図 4.10 で説明するが，製品が消費者の手に渡り，使用期間を経て最終的には廃棄される。これまでは，廃棄された工業製品は焼却や埋め立てなどの処分がされてきた。そのため，大気や土壌の汚染が発生するなど，生活環境の破壊に繋がった。このような現象を少しでも防ぐため，リユースやリサイクル処理して可能な限り再利用することが義務付けられるようになった。

これはほんの一例に過ぎないが，営利企業にもわれわれの社会，つまり生活環境を維持するための努力が要求されている。さらには，工場など生産拠点を持つ地域社会に対して，労働力の受け入れや生活環境整備などにより地域住民の満足を高めるという，**社会的満足**（social satisfaction; **SS**）に対する意識も高まっている。

上述したように，労働生活の質の状況によって，労働者の職務意識に大きな影響が及ぶ。それでは，生活の質を決める要因には，どのようなものがあるのだろうか。QWL の状態の良し悪しを評価するためのチェックリストは，多くの研究者によって発表されている。いずれにしても，安全で健康で快適に働くことができるか，納得のいく報酬が得られるか，自分の職務能力が発揮できるかなど，さまざまな要因が QWL に影響を与えていることがわかる[14),15)]。

近年は，職業生活に費やす時間が多くなる傾向があり，大切な家庭での生活の時間が制約され両方の生活の質のバランスが崩れてしまい，精神的なストレスが大きな負荷となってしまうケースが見られる。このような状況を軽減するために**ワークライフバランス**という考え方が浸透しつつある。厚生労働省は，このワークライフバランスの目的を「国民一人ひとりが，やりがいや充実感を感じながら働き，仕事上の責任を果たすとともに，家庭や地域生活などにおいても子育て期から中・高年期といった人生の各段階に応じて多様な生き方を選択・実現できるような社会を目指すこと」[16)] としている。

1.4　人間行動に関する研究領域

本書は，人間の行動のプロセスを科学的に分析することに目標を置いている。その目標を達成するためには，まず人間行動に関する学問領域について把握しておく必要がある。人間に関する学問領域として，すぐ思い浮かぶのが，心理学，社会学であろう。しかしながら，人間に関する研究分野は多種多様であるとともに，時代背景により新たな研究分野が構築されている。よって，そのすべてをここで紹介することは難しいので，人間の行動を科学的に分析する上で，重要であると考える研究分野について紹介することとする。

1.4.1　産 業 心 理 学

心理学はそもそも人間の精神的活動を科学的に捉えようとする学問領域である。その中でも，**職業生活**（working life）における人間の精神的活動を取り扱

うのが**産業心理学**であり，企業活動に欠かせないヒト，モノ，カネ，情報とい
う四つの要素の中で，ヒトつまり**人材**（human resource）を有効活用するため
の方策が研究された。

　産業心理学の祖として，**ミュンスターベルク**（Münsterberg, H.）の名が挙
げられる[17]。ミュンスターベルクは，1913 年の著書である *Psychology and
Industrial Efficiency*（心理学と産業効率）において，効率の良い経営活動を行
うためには，「最適な人材の確保」（the best possible man），「最適な仕事方法
の提供」（the best possible work），「最適な効果の発揮」（the best possible
effect）という三つの要素が重要であると唱えた[18]。最良の仕事方法の提供に
関しては，時代を同じくするテーラーの科学的管理法や，ギルブレス夫妻の方
法研究に基づく IE 手法が，生産現場において活用されている。

　従来の人材の管理手法である**人事・労務管理**に関しては，ミュンスターベル
クが提唱した最適な人材の確保については人事管理で，最良の仕事方法の提供
については労務管理で検討されてきた。その後，人材を経営の重要な資源とし
て取り扱うためには，人材の持ちうる能力を最大限に発揮するための職場環境
の提供が必要であることが唱えられ，**図 1.6** に示すように，働く個々人の労働
意欲（ワークモチベーション）の維持・向上や，さらには経営組織を目標に向

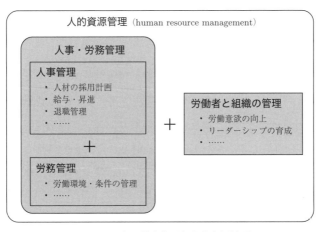

図 1.6　人事・労務管理と人的資源管理

かって動かすリーダーシップの考え方が重要視され，これが現在の**人的資源管理**（human resource management）に引き継がれている。

また，「産業心理学」という言葉に人間の集合体である組織という言葉を付加した「産業・組織心理学」という呼び名が使われるようになっている。これは，個々の労働者だけに焦点を当てるのではなく，組織にも視点を当てて経営の効率化を図るべきであるという考え方が主流となってきたためである。

1.4.2　人　間　工　学

人間の行動を工学的な見地より解明し，人間の行動の**効率性**と**快適性**を追求するための学問が**人間工学**である。人間工学には，米国で誕生した**ヒューマンファクターズ**（human factors）と，ヨーロッパで誕生した**エルゴノミクス**（ergonomics）の二つの流れがある。

(1)　ヒューマンファクターズ

まず，ヒューマンファクターズ（human factors[†]）は，米国で生まれた人間工学の学問領域である。最初に human engineering という語を用いたのは，1922年に Human Engineering Laboratory Inc.（人間工学研究所）をボストンに設立した**オコナー**（O'connor, J.）であるといわれている[19]。オコナーは，この研究所において当初人間の手の動作特性について研究を行い，**適性検査**（aptitude testing）を開発した。現在でも，オコナー研究財団のもとで適性検査の研究が行われている[20]。

その後，第2次世界大戦を迎え，航空機の墜落事故が問題となり，**フィッツ**（Fitts, P.M.）らを中心に実験心理学の手法を用いて，その原因究明が進められた[21]。原因の一つとして，高度計の読み取り間違いが問題視され，どうすればその間違いを解消できるかが実験的に検討された。その当時の航空機の高度計は，**図1.7**に示すように，100フィート，1000フィート，10000フィートを表す三針式の高度計が主流であった。

[†]　human engineering や human factors engineering といった記述もある。

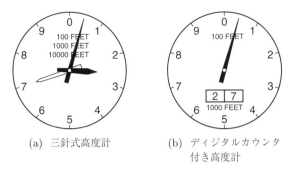

(a) 三針式高度計 (b) ディジタルカウンタ
付き高度計

図 **1.7** 高度計の読み取り実験

フィッツらは，航空機の高度計の読み取り間違いの原因は，高度を示す三つの
針を瞬時に読み取るのに大きな負荷がかかるためであると結論付けた。その後，
高度を示す数値と針の位置との関係をアナログ的に読み取る方式から，直接数値
で示すディジタル式に変更したところ，そのミス率が劇的に低下した。これ以
降，人間（man）と機器（machine）との間の情報や操作のやりとり（interaction）
を仲立ちする，マン・マシンインタフェース（man-machine interface）の効率
性と快適性に関する研究が進められ，設計・開発や改良に役立てられている。

(2) エルゴノミクス

つぎに，エルゴノミクス（ergonomics）は，ヨーロッパで誕生した人間工学
の学問領域である。ergonomics は，ergon（仕事），nomos（法則・習慣），ics
（学問）という三つのギリシア語を組み合わせた造語であり，「人間の作業に関
する法則や規則を見つけ出す学問分野」[22]という意味を持つ言葉である。

機器の効率的な設計に重点を置いた米国で生まれたヒューマンファクターズ
とは異なり，ヨーロッパで生まれたエルゴノミクスは，その語の成り立ちから
も，人間にとって快適な労働環境の設計に重点が置かれていることがわかる。
このエルゴノミクスは，装置産業や医療の現場など，24 時間稼働する現場の交
替制における労働者の身体的負荷の軽減のために活用されてきた。労働医学や
産業衛生学などの知見を用い，約 24 時間周期で変化する人間の生体リズムを可
能な限り乱さないようなシフト構築の研究などが行われている。

ここまでで述べたように，人間工学には米国で生まれたヒューマンファクターズと，ヨーロッパで生まれたエルゴノミクスがあるが，現在ではこの二つは同一の学問分野として捉えられている。以下に，IEA（International Ergonomics Association）の人間工学の定義を示しておく[23]。

（原文）Ergonomics (or human factors) is the scientific discipline concerned with the understanding of interactions among humans and other elements of a system, and the profession that applies theory, principles, data and methods to design in order to optimize human well-being and overall system performance.

┤コーヒーブレイク├

スミソニアン国立航空宇宙博物館と高度計

米国で誕生したヒューマンファクターズを用いて，航空機の高度計の読み取りミスをいかにすれば軽減できるか，つまり，マン・マシンインタフェースの効率化の研究が盛んに行われた。当初は，高度を示すインディケータとして針が用いられていた。米国ワシントン D.C. にあるスミソニアン国立航空宇宙博物館には，1903 年にライト兄弟が初飛行を試みたライトフライヤー号をはじめ，さまざまな飛行機が展示されている。その中に，筆者はアナログ式の高度計を見つけた（**図 1**）。長針が 1 000 フィート，短針が 100 フィートの単位を示している。

このように，スミソニアン国立航空宇宙博物館では，マン・マシンインタフェース研究に関わった機器を目の当たりにすることができる。

図 1 スミソニアン博物館の
高度計

（和訳）人間工学は，人間と（人間以外の）システムの構成要素との間の相互作用の理解に関する科学的学問分野であり，人間の安寧とそれを取り巻くシステムの最適化設計のために，理論や原則，データ，方法などを活用する学問領域のことである。

　最後に，人間工学において機器や作業環境の設計に重点が置かれている**効率性**（efficiency）と**快適性**（comfortability）が示す内容について示しておく。

- 効率性（efficiency）：効率性には，どれだけ速く，素早く行動ができるかどうかの量的評価と，正しくエラーなく行動ができるかどうかの質的評価の二つの側面がある。
- 快適性（comfortability）：快適性とは，どれだけ疲労なく，安全に，健康的に行動できるかの評価であり，精神的・身体的な負荷の度合いを示す。

章 末 問 題

【1】 日常生活の行動を一つ取り上げ，S-O-R モデルで説明しなさい。

【2】 脳卒中により片麻痺（身体の片側が麻痺している状態）の障害を持った場合，日常生活行為においてどのような支障が生じる可能性があるか説明しなさい。

【3】 人間の生活の場の一つである職業生活の場において，職務遂行という人間の行動に影響を与える要因について説明しなさい。

【4】 人間の行動や特性について考える場合に，産業心理学や人間工学以外にも必要なものがある。どのような学問領域が必要か考えなさい。

2 人間行動と機能・能力

　本章では，人間の行動と機能，能力について解説する。行動とは，ある目的を達成するために遂行される精神的・身体的活動のことであり，人間機能が複合的に用いられる。そこでまず，図 2.1 に示すように，人間行動に用いられる感覚機能，知覚・認知機能，運動機能という三つの機能について，人間の情報処理モデル（S-O-R モデル）に基づいて説明する。さらに，能力は目的の行動がどの程度達成できたかの度合いであり，どの程度速く，正確に遂行できたかによって評価されることを説明する。また，個人の有する諸特性や置かれた環境によって行動が変容することを解説するとともに，エラーが生じる原因についても解説する。

図 2.1　人間の機能と行動

2.1 三つの人間機能

2.1.1 S-O-R モデルと人間の行動過程

行動とは，目的を達成するための精神的・身体的機能を用いた活動のことである。それでは，人間にはどのような機能（function）があるのであろうか？**図 2.2** に示す **S-O-R モデル**に基づいて考えてみよう。このモデルでは，以下のような人間の行動プロセスが示されている。まず，人間の周りにある景色や音といったさまざまな情報（刺激）が感覚（受容）器で取り入れられ，感覚情報として中枢神経系に伝達される。つぎに，中枢神経系においてこの感覚情報は知覚情報として加工され，さらに行動の内容を決定する意思決定のもととなる認知情報として処理される。そして，最終的な行動が遂行される。

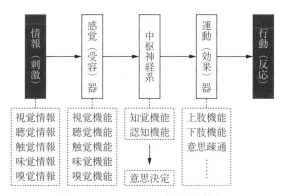

図 2.2 S-O-R モデルと人間の機能

2.1.2 感 覚 機 能

刺激（stimulus）は，図 2.2 に示したように行動の起因となるものである。つまり，人間は刺激に基づいて行動を起こす。刺激という語は心理学用語であり，一般的には情報という語が用いられる場合が多い。人間が行動を起こす場合には，いったん刺激を有機体（organism）である体内に取り入れる必要がある。この役割を果たすのが感覚機能である。**感覚**とは「眼や耳などの感覚器の基本

的な機能を用いて，環境の情報を担う物理的・化学的エネルギーを感受すること」[1] と定義されている。感覚機能には，視覚，聴覚，触覚，味覚，嗅覚の五つの感覚機能（五感）がある。

(1) 視覚機能

視覚機能とは，外部の視覚刺激（情報）を目（眼球）を通して体内に取り入れる機能のことである。**図 2.3** に眼球の構造を示す[2]。目の前の景色など，視覚情報はカメラのレンズに相当する水晶体を通して眼球の中に取り入れられ，その像がカメラのフィルムに相当する網膜上に映し出されて，視神経を経由して脳に伝達される仕組みになっている。

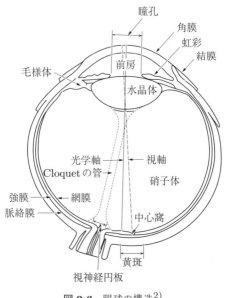

図 2.3　眼球の構造[2]

視覚機能には，視力，視野，明・暗順応，色覚などがある。

- 視力

    視力は，どれだけ遠くの小さい視覚情報を見ることができるかの指標であり，1909 年にイタリアで開催された第 11 回国際眼科学会において，フ

ランスの眼科医である**ランドルト**（Landolt, E.）によって開発された**ランドルト環**を国際標準の視力視標として用いることが決められた[3]。

図 **2.4** に示すように，5 m 離れた位置から外径 7.5 cm のランドルト環の 1.5 cm（視角 1°）の切れ目が判別できる場合に視力 1.0 と判定される。さらに，視力には，静止している情報を読み取る**静止視力**と，動いている情報を読み取る**動体視力**がある。動体視力に関しては，読み取る情報の動きが速くなるにつれて視力が低下していくことがわかっている。

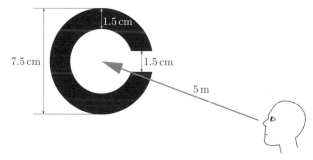

図 **2.4** ランドルト環と視力 1.0 の定義

- 視野

  視野は，眼球を動かさずにある一点を注視した状態で見える範囲のことを指す。**図 2.5** (a) に人間の視野角度について示す[4]。

  さらに，この視野には，図 2.5 (b) に示すように**中心視野**と**周辺視野**があり，文字情報などを読み取るにはこの中心視野を用いる必要がある[4]。
- 明・暗順応

  明・暗順応は，明るさに対応する機能である。図 2.3 に示した眼球の構造の中で，カメラレンズの絞りに相当する虹彩を調整することにより行われる。明順応は，暗い状態から明るい状態に，暗順応は明るい状態から暗い状態に変化する際の調整機能のことである。

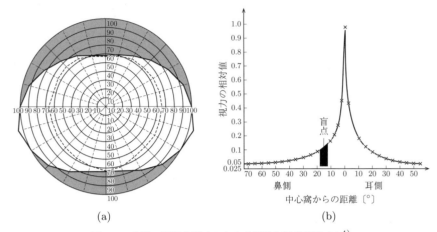

(a)   (b)

図 2.5 人間の視野角度 (a) と中心視野と周辺視野 (b)[4]

(2) 聴覚機能

聴覚機能とは，外部の聴覚刺激（情報）を耳（鼓膜）を通して体内に取り入れる機能のことである。**図 2.6** に耳の構造を示す[5]。

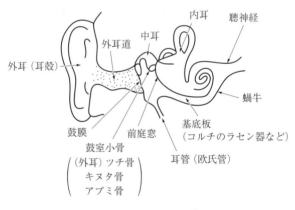

図 2.6 耳 の 構 造[5]

聴覚機能には，聴力，可聴域などがある。

● 聴力

聴力は，視覚機能の視力に相当する機能で，どのくらい小さな音を聞き分けることができるかどうかの指標である。人間は，音波（空気中を

伝わる振動波）を聴覚情報として感知する。音の強さは通常 dB（デシベル）の単位を用いる。

● 可聴域

　　可聴域は，どのくらい音の高低を聞き分けることができるかどうかの指標であり，視覚機能の視野に相当する。人間は，通常 20 Hz から 20 000 Hz の音の高低を聞き分けることができるといわれている。

(3) 触覚機能

触覚機能とは，外部の物理的刺激や温熱刺激を，皮膚組織を通して体内に取り入れる機能のことである。図 **2.7** に皮膚組織と触覚機能との関係を示す[6]。組織ごとに感覚できる触覚が異なることがわかる。

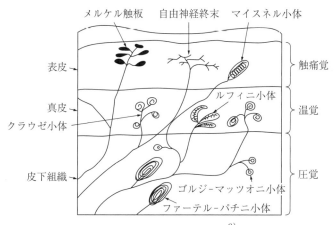

図 **2.7**　皮膚組織と触覚機能[6]

(4) 味覚機能

味覚機能には，甘味・酸味・塩味・苦味・うま味の五つの味覚を味わう働きがあり，舌や咽頭部，軟口蓋などで感覚される。この味覚は日常生活の中では，食事（摂食）のときに用いられる。

(5) 嗅覚機能

嗅覚機能は，空気中の化学物質を，鼻腔の天蓋や鼻中隔と上鼻甲介の間にある粘膜などの嗅細胞によって取り入れる働きである。

2.1.3 刺激量と感覚量との関係

(1) 感覚器と適当刺激

感覚機能には，視覚，聴覚，触覚，味覚，嗅覚の五つの機能があることはすでに述べた。これらの機能はそれぞれ，目，耳，皮膚，口（舌），鼻（鼻腔）といった感覚器で行われる。これらの感覚器で取り入れることができる刺激を**適当刺激**と呼ぶ。適当刺激は，視覚の場合は可視光，聴覚の場合は可聴音，触覚の場合は物の形状や温度・湿度，嗅覚の場合は揮発性の物質，味覚は溶解性の物質などである。

(2) 刺激量と感覚量との関係

五感で入手する刺激と人間の感覚との関係については，以下のウェーバー（Weber, E.H.）の法則とウェーバー-フェヒナー（Fechner, G.T.）の法則がある。

- ウェーバーの法則

   人間の刺激に対する感覚は連続的ではなく，ある一定の量の変化がないと感覚の変化が生じない。このような特性を**ウェーバーの法則**と呼ぶ。また，**表 2.1** に示すように，刺激ごとにその変化量が違い，元の刺激量 I に対する変化量 ΔI の比を**ウェーバー比**と呼ぶ[7]。なお，ウェーバー比は式 (2.1) に示す計算式で求めることができ，その値は一定である。

$$\text{ウェーバー比} = \frac{\Delta I}{I} = \text{一定} \tag{2.1}$$

表 2.1　ウェーバー比

感覚機能	刺激の種別	ウェーバー比
視覚	明るさ	0.079
	線分の長さ	0.029
聴覚	音の大きさ	0.048
	音の高さ	0.003
触覚	重さ	0.02
	圧力の強さ	0.143
嗅覚	ゴムの臭い	0.25
味覚	食塩の鹹味	0.083

- ウェーバー‐フェヒナーの法則

　ウェーバー‐フェヒナーの法則とは，刺激量と人間の感覚量との関係を示すものである。刺激量と感覚量は，直線（線形）の関係ではなく，図 **2.8** に示すような対数的な関係を示し，刺激量がある一定量を過ぎると，人間の感覚は鈍くなる傾向がある。ここで，刺激量を I，感覚量を E，a を係数，C を定数項とすると，I と E の関係は式 (2.2) で表される[8]。

$$E = a \times \log_2 I + C \tag{2.2}$$

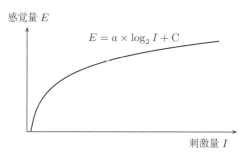

図 **2.8**　刺激量と感覚量との関係

2.1.4　知覚・認知機能

　知覚・認知機能とは，取り入れた情報（刺激）に対して，中枢神経系においてさまざまな高度な情報処理を行うことを指す。

(1) 知覚機能（perception）

　知覚機能とは，感覚機能を用いて取り入れられた情報（刺激）に対して意味付けを行う処理のことである。例えば，視覚の知覚であれば，目で見た文字に対してそれがなにを意味しているか意味付けすること，聴覚の知覚であれば，耳で聞いた声に対してなにをいっているのか意味付けすることである。

(2) 認知機能（cognition）

　認知機能とは，知覚情報や自分の置かれている状況，持ちうる知識や経験を用いて意思決定を行う機能のことである。

ラスムッセン（Rasmussen, J.）が1983年に発表した，原子力発電所の制御や航空機の管制業務における人間の認知処理に基づいてパターン分けした**SRK**
モデルが，その理解に有効である[9), 10)]。以下に，認知の三つのパターンを示す。

- 規則（rule）ベースの処理

  規則ベースの認知処理とは，知覚情報に基づく意思決定のプロセスにおいて決まったルールが存在する場合の認知処理を指す。例えば，歩行者信号の設置された横断歩道を渡る場合に信号機の色に従い，「青であれば左右を確認して渡る，赤であれば青信号になるまで待つ」といった意思決定である。

- 技術（skill）ベースの処理

  技術ベースの認知処理とは，規則ベースの認知処理が習慣化され，反射的に行われる場合を指す。例えば，道幅の狭い道路の中央を歩行中に，「前から自動車が来ている場合にとっさに端によける」という意思決定である。本来は，前から自動車が来た場合に，そのまま道路の中央を歩いていると前から来ている自動車にひかれてしまうので，端によけようという規則ベースの意思決定が反射的に行われるものである。

- 知識（knowledge）ベースの処理

  知識ベースの認知処理とは，人間の有する高度な認知処理であり，意思決定の際に決まったルールがない，あるいは複数ある場合のことを指す。例えば，いつも利用している交通機関がなんらかの原因でストップしてしまった場合に，どうやって目的地に到達するか意思決定することである。この場合には，意思決定を行う人間の持っている知識や経験により，その内容が変わる。

1章の図1.7 (a) で示した三針式高度計の高度読み取りを例にとって，ここまで説明した知覚と認知のプロセスについて説明する。

まず，**図2.9** (a) に示すように，10 000 フィート単位の高度を示す長針の読み取りを行う。ここでは，短針の位置が2以上3未満にあることを知覚し，読み取り規則より20 000 フィートを示していると認知する。つぎに，図2.9 (b)

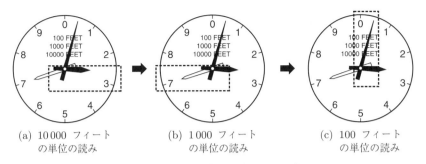

(a) 10 000 フィート
の単位の読み

(b) 1 000 フィート
の単位の読み

(c) 100 フィート
の単位の読み

図 **2.9**　三針式高度計の高度の読み取りのプロセス

に示すように，1 000 フィート単位の高度を示す中針は 7 以上 8 未満に位置していることから，7 000 フィートを示していると認知する。最後に，図 2.9 (c) に示すように，100 フィートの単位である長針は 0 以上 1 未満の位置にあるので，50 フィートと認知する。これらの情報をもとに，短針の 20 000 フィートと中針の 7 000 フィート，長針の 50 フィートを足して，27 050 フィートを飛行中という情報を得る。

　図 **2.10** のように，飛行ルートの前方に山がある場合には，山の標高と現在の飛行高度とを比較し，山の標高より飛行高度が低い場合は，高度を上げたり方向を変えたりするなどの意思決定を行い，飛行を継続する。

　カード（Card, S.K.）は人間の認知処理に関して PC を用いた実験を実施し，

コーヒーブレイク

三針式高度計とディジタルカウンタ付き高度計の読み取り

　高度計の読み取りには，知覚・認知機能を用いることを説明した。人間工学の誕生後まもなく行われた航空機の高度計の読み取り実験では，被験者としてパイロットと学生の 2 群が対象となった。航空機事故の原因となる読み取りエラーでは，図 1.7 に示した三針式では，パイロットのエラー率は 11.7 ％，学生では 17.4 ％ と，高い割合で読み取りミスが生じていた。その後，ディジタルカウンタ付き高度計が開発されると，パイロット，学生群ともに 0.7 ％ に低下したのである。このように，知覚や認知にかかる負荷が低減すると，人間の処理能力は向上する。

図 2.10 飛行ルートの決定

図 2.11 のように，認知処理の違いによる所要時間を示している[11]。処理内容は，以下に示すように単純反応からカテゴリー照合反応までの 4 種類である。

- 単純反応時間：提示刺激の種類が 1 種類で，刺激が提示されてから反応するまでの時間値
- 物理的照合反応時間：提示された図形や色刺激が比較対象刺激と同じものかどうかを照合するのに要する時間値
- 名称照合反応時間：提示された文字刺激が比較対象刺激と同じものかどうかを照合するのに要する時間値

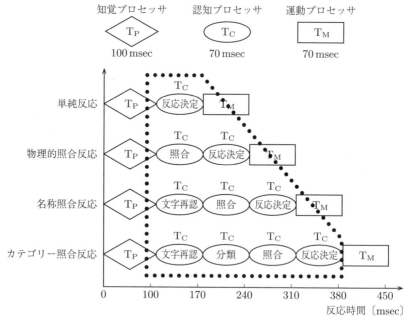

図 2.11 カードの認知処理プロセッサと所要時間[11]

● カテゴリー照合反応時間：提示された文字刺激が比較対象刺激と同じカテゴリーに属するかどうかを照合するのに要する時間値

なお，認知処理に用いられる規則（ルール）や知識・経験の蓄積には，**記憶**（memory）の機能が欠かせない。記憶には**短期記憶**（short-term memory）と**長期記憶**（long-term memory）がある。**図 2.12** に示すように，認知処理に必要な情報は感覚機能から取り入れられ，短期記憶に格納される。処理が終わり，必要がなくなると，やがて短期記憶は消滅する。その後も必要と考えられる情報は何度も記憶のリハーサルが行われ，やがて記憶貯蔵庫の中に長期記憶として格納され，必要に応じて参照される。

図 2.12　短期記憶と長期記憶

2.1.5　運 動 機 能

運動機能は，知覚・認知機能による意思決定に基づき，人間の身体部位を用いて行動（reaction）する機能のことを指す。日常生活においては，1 章で述べたような日常生活行為や手段的日常生活行為，さらには職場における職務遂行など，さまざまな身体部位を用いた行動機能が使用されている。主として，上肢機能は身支度や道具や機器の使用，下肢機能は移動，コミュニケーション機能は他者との意思疎通に用いられる。

2.2　人 間 の 能 力

人間はある目標を達成するために行動する。この行動をとるためには，ここまで説明してきた人間機能を用いる。ここで，意思決定の内容を行動に結び付ける力を**能力**（ability）と呼ぶことにする。能力は，以下に示すように二つの捉え方がある。一つ目は，目標の達成度合いという目に見える能力であり，こ

れを**顕在能力**（actualized ability）と呼ぶ。二つ目は，人間が本来有する能力
であり，**潜在能力**（potential ability）と呼ぶ。潜在能力をつねに 100％ 顕在
能力として発揮することは稀であり，かりに発揮したとしても長時間の持続は
期待できない。

　それでは，人間の能力の代表的なものとして，知的能力と上肢作業能力につ
いて見てみよう。

2.2.1 知 的 能 力

　知的能力（知能）がどのように構成されるか，最初に分析を行ったのは**スピ
アマン**（Spearman, C.E.）であるといわれている。スピアマンは，小学生の教
科の成績を分析し，各教科に共通する因子である g（general）因子と教科に個
別に影響を与える s（special）因子の二つで構成されるという**二因子説**を 1904
年に発表した[12]。

　その後，**サーストン**（Thurstone, L.L.）は，知的能力は**七つの知能因子**から
構成されるという**多因子説**を提唱した[13]。七つの知能因子は，以下に示すとお
りである。

- 知覚能力（perceptual ability）：身の回りの出来事について速く知覚で
  きる能力
- 空間知覚（spatial perception）：空間の広がりの中で，物体の位置など
  を認識する能力
- 記憶能力（memory ability）：新たな概念やイメージを記憶したり，連想
  したりする能力
- 数の処理能力（numerical processing）：数字を用いた計算処理などの能力
- 語の流暢性（verbal fluency）：言葉を流暢に話したり書いたりする能力
- 言語理解能力（word understanding）：文字や音声で表現された言葉の
  意味を正しく理解する能力
- 推理能力（reasoning ability）：物事を論理的に考察・推理する能力

　また，**ガードナー**（Garder, H.）は，人間の知能と才能（タレント）との関

係を示す**多重知能**（multi intelligence）**理論**を発表している[14]。多重知能は，言語的知能，論理数学的知能，音楽的知能，身体運動的知能，空間的知能，対人的知能，内省的知能，博物的知能の八つの因子で構成され，職業との関連性について触れている。

2.2.2　上肢作業の構成と能力

(1) 上肢作業の構成

人間はさまざまな知的機能や身体機能を組み合わせて日常生活を営んでいる。その中でも，上肢を用いた作業は日常生活行為の中で頻繁に用いられる。この上肢作業は，**図 2.13** に示すように「手を伸ばして目的物をつかむ」，あるいは「つかんだ物を目的の場所に置く」といったものである。これらの作業は，つかむ物に手を伸ばしたり把持した物を目的の場所に運ぶといった**移動動作**と，つかむ・置くという**終局動作**に分類することができる。

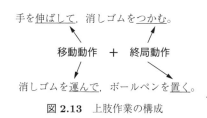

図 2.13　上肢作業の構成

(2) 上肢作業の能力

ここで上肢作業の能力について検討してみる。一般的に人間の行動能力に対しては，「単位時間当りにどのくらい目的の作業を達成できるか？」という定量的評価が行われる。目的の行動を速く，正確に行うことができれば，能力は高く評価される。

ここで，上肢作業に要する時間に影響を与える要因について考えてみると，移動動作については移動距離から，終局動作については「要求される巧緻性の度合い」から影響を受けることとなる。特に，終局動作に要する巧緻性は，つかむ対象物や置く場所の大きさに反比例する。これらの因果関係については，以

下に示すようにフィッツの法則により定量的に証明されている[15]。また，上肢作業を定性的に評価する方法として，微細動作研究がある。

- フィッツの法則

    フィッツ (Fitts, P.M.) は，図 **2.14** に示すように，ペン先をターゲット上に接地するという実験を実施し，その結果をもとに人間の上肢作業の困難度 (index of difficulty; ID) を示す式 (2.3) を実験的に導いた。

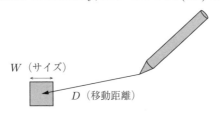

W（サイズ）

D（移動距離）

図 2.14 フィッツの困難度を求める実験

    この式における D (distance) は移動距離，W (width) はターゲットのサイズである。

$$\mathrm{ID} = \log_2\left(\frac{2D}{W}\right) \tag{2.3}$$

    ここで，作業者の上肢作業能力を IP (index of performance) とすると，上肢作業に要する時間 MT (motion time) は，式 (2.4) で求められる。

$$\mathrm{MT} = \frac{\mathrm{ID}}{\mathrm{IP}} \tag{2.4}$$

    よって，ターゲットサイズを大きく，移動距離を短くすることにより作業の困難度を小さく抑えることができ，作業時間も短くなる。

- 微細動作研究

    つぎに，人間の上肢作業を定性的に評価する方法として，**微細動作研究** (micromotion study) がある。この微細動作研究では，図 **2.15** に示すように，作業者の動きを側面あるいは正面から高速度ビデオカメラで動画撮影し，その動きを詳細に分析する。移動軌跡をもとに速度や加速度を求めることができ，身体部位の動きの特性などを把握できる。

ビデオカメラ

作業者

図 2.15　微細動作研究

2.3　人間行動とエラー

　人間は間違いを犯す生き物である。いくら優れた身体機能を持ち，高いパフォーマンスを達成できる能力があっても，時としてエラーを起こしてしまうことがある。ここでは，人間行動における**エラー**の発生プロセスについて考えることにする。

2.3.1　エラーの定義
　リーソン（Reason, J.）は，エラーを「計画された知的または物理的な活動過程で，意図した結果が得られなかった場合で，これらの失敗が他の出来事によるものでないとき」[16）]と定義している。エラーは，日本語では誤り，間違い，錯誤，思い違いなどの訳が当てられるが，「意図した結果と実際の結果との差分」と考えることができる。

2.3.2　エラーの分類
　ノーマン（Norman, D.A.）は，人間のエラーをつぎのようにラプス，スリップ，ミステイクの三つに分類している[17）]。
　(1) ラプス
　ラプス（lapse）は，「行動の計画自体は正しかったが，実行の段階で失敗し

てしまったもの」と定義されている。

(2) スリップ

スリップ（slip）は，「行動の実行中に，計画を忘れてしまったもの」と定義
されている。

(3) ミステイク

ミステイク（mistake）は，「正しく実行はできたが，計画自体が間違ってい
たもの」と定義されている。

また，S-O-R モデルを用い，「情報を感覚機能で入手し知覚機能に至る」**入力
過程**，「認知処理から意思決定に至る」**媒介過程**，そして「意思決定に基づき行
動に至る」**出力過程**の三つの過程に注目し，どの過程に原因があるかを検討す
る方法もある。

2.4　人間の機能・能力の変化

ここまで，人間の機能や能力，エラーに関して見てきた。これらの観点以外
に周期性の観点もある。人間はある周期に基づいて日々の生活を営んでおり，
同じ人間においても，その周期に基づいてつねに変化をしている。この周期の
ことを**サーカディアンリズム**（circadian rhythm）あるいは概日リズムと呼び，
その周期は地球の自転周期である約 24 時間である。

┌─ コーヒーブレイク ─┐

フリッカーテストと意識レベル

　人間の視覚機能の意識レベルは，フェーズ理論に基づいて 0 から IV の五つの
カテゴリーに分類される。これを測定する方法がある。蛍光灯などの照明は，電
源の周波数に応じてチラつきが生じる。フリッカーテストは，このような点滅光
源に対する感覚能力を測定するもので，精神的疲労や意識水準を測定する際に
用いられる。精神的疲労が生じたり，覚醒水準が低下すると，感知できるフリッ
カー値（光源の点滅する周波数）が低下していく傾向が見られる。

　1日24時間の中で，人間はさまざまな日常生活行為を営んでいるわけであるが，その中でも特に睡眠はサーカディアンリズムに大きな影響を受け，朝起床してから夜就寝するまで，人間の持つ機能や能力は変化する。この現象を日内変動（diurnal variation）と呼ぶ。体温や血圧などの生理指標や意識のレベルを示す**覚醒水準**（arousal level）などは，日内変動をする。覚醒水準は，作業パフォーマンスに大きく影響し，適度な覚醒水準が保たれない場合には作業量の減少やエラー率の上昇という現象を引き起こしてしまう。覚醒水準は，物事に対してどのくらい注意が喚起されているかの度合いであり，**フェーズ理論**（phase theory）に基づいて，表 **2.2** に示すように，フェーズ 0 からフェーズ IV までの 5 段階に分類されている[18]。

表 **2.2**　意識水準の分類

意識のレベル	内　　容	状　況
フェーズ IV	過緊張状態	事故や災害時などの非常事態
フェーズ III	適度な緊張状態	危険な作業の遂行時
フェーズ II	リラックスした状態	休憩時，安静状態
フェーズ I	意識の低下した状態	疲労時，居眠り状態
フェーズ 0	意識のない状態	睡眠状態，失神状態

章　末　問　題

【1】　刺激によりウェーバー比の数値は変化する。それが意味することを説明しなさい。

【2】　人間の三つの認知処理について示したラスムッセンの SRK モデルをもとにして，日常生活における行動の中から 1 事例ずつ取り上げ，その内容を説明しなさい。

【3】　短期記憶が長期記憶に変わる仕組みと長期記憶の特性について説明しなさい。

【4】　日本医療機能評価機構のウェブページ（http://www.med-safe.jp/contents/info/）の中から医療事故を 1 事例取り上げ，ノーマンのエラーの 3 分類をもとに事故分析を行いなさい。

3 | 最適な人材確保と知識・技能の共有

経営活動に重要な要素は，ヒト・モノ・カネ・情報であり，その中でも組織における活動に直接関わるのが，ヒト＝人材である。組織において高いパフォーマンスを挙げてくれる人材を確保するためにはどうすればよいか？ **図 3.1** に示すように，「ヒトと職務のマッチング（適合）」に対しては，職業興味（職務への興味），職業適性（仕事をこなす能力やそれに適した能力）が重要な要素となるといわれている。

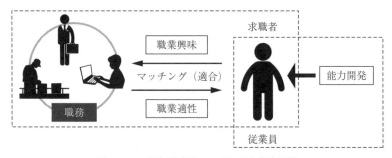

図 3.1 ヒトと職務のマッチングと能力開発

本章においては，まず職業興味ならびに職務適性の評価法を紹介する。さらには，従業員の職務能力を向上させたり，新たな能力を開発したりする方法についても紹介する。

3.1　最適な人材の確保

　経営における重要な要素であるヒト・モノ・カネ・情報の中で，ヒトは直接業務，間接業務を問わず欠かせない要素である。1章において述べたように，産業心理学の祖と呼ばれている**ミュンスターベルク**（Münsterberg, H.）は，経営を効率良く進めるには，最適な人材の確保，最良な仕事方法の提供，そして最適な効果の発揮といった配慮が必要であると指摘している。

　また，**スーパー**（Super, D.E.）は，職業適合性という概念を用いて，人間の職業適性を構成する要素について，**図 3.2** のようにまとめている[1]。

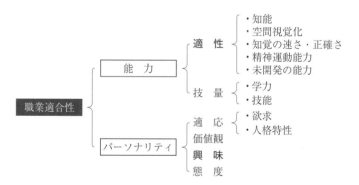

図 3.2　職業適性を構成する要素

つぎに，職業興味と職業適性について解説する。

3.1.1　職 業 興 味
　人的資源を有効に活用するためには，働く人間が職務に対する興味を持つことが重要である。職務に興味がない場合には，持ちうる職務能力を十分に発揮できない可能性が高いからである。職務に対する興味は**職業興味**（vocational preference）と呼ばれ，**ホランド**（Holland, J.L.）により提唱された理論[2]に基づく。ホランドの職業興味の理論は，六つの職業領域から構成されており，

これらのどの領域に興味があるかを測定する検査法である **VPI**（Vocational Preference Inventory）が 1953 年に作成されている。これらの職業領域は，米国労働省が 1935 年に作成した**職業辞典**（Dictionary of Occupational Titles）が参照された。1985 年に日本語版として，雇用職業研究所（現在は，労働政策研究・研修機構）により**職業レディネステスト**（Vocational Readiness Test; **VRT**）が作成されている[3]。

以下に，六つの職業領域とその内容について説明する。

(1) 現実的興味領域

現実的興味領域とは，「道具や機械などを用いた実際的な活動」のことであり，この領域の活動では機械操作能力などが要求される。また，この領域に対する興味の度合いを R 尺度（realistic scale）と呼ぶ。

(2) 研究的興味領域

研究的興味領域とは，「研究・調査といった探索的な活動」のことであり，この領域の活動では抽象概念に強い関心を持ち，論理的にあるいは数理的に物事を処理する能力が要求される。この領域に対する興味の度合いを I 尺度（investigative scale）と呼ぶ。

(3) 芸術的興味領域

芸術的興味領域とは，「音楽，美術，文学などの創造的活動」のことであり，この領域の活動では独創性や創造性が要求される。また，この領域に対する興味の度合いを A 尺度（artistic scale）と呼ぶ。

(4) 社会的興味領域

社会的興味領域とは，「人に対する奉仕的活動」のことであり，この領域の活動では人に対する興味が高く，支援活動を好む傾向が欠かせない。また，この領域に対する興味の度合いを S 尺度（social scale）と呼ぶ。

(5) 企業的興味領域

企業的興味領域とは，「企画・立案したり，組織の運営や経営などの活動」のことであり，この領域の活動では企画・立案の能力や組織運営のための積極的働きかけが欠かせない。また，この領域に対する興味の度合いを E 尺度（enterprising scale）と呼ぶ。

(6) 慣習的興味領域

最後に，**慣習的興味領域**とは，「決められた方法や規則，習慣に従って行う活動」のことであり，この領域での活動には，規則や習慣を重視し，上司の指示に従うことが要求される。また，この領域に対する興味の度合いを C 尺度（conventional scale）と呼ぶ。

また，VPI においては職業興味と密接な関係を持つと予想される**基礎的志向性**も測定される[4]。基礎的志向性とは，情報・人間・物の三つである。

情報に対する志向性は**対情報関係志向**（data orientation）と呼ばれ，知識や情報，概念などを取り扱うことを志向することを指す。人間に対する志向は**対人間関係志向**（people orientation）と呼ばれ，人間に直接関わる行動を志向することを指す。最後に，物に対する志向は**対物関係志向**（thing orientation）と呼ばれ，機械や道具，装置などを取り扱うことを志向することを指す。

以上，組織において最適な人材を確保する場合に重要な概念となる，職業興味について説明した。VPI や VRT は，測定された求職者の職業興味をもとに，ふさわしいと考えられる職業などを紹介する，いわゆる職業ガイダンスの場において用いられている。

3.1.2 職 業 適 性

適性は，「将来成功する可能性」と定義される。よって，職業適性は「職務をうまく遂行できる可能性」と解釈することができる。現時点では職務をうまく遂行できなくても，経験や学習を通してそれができるようになる可能性があれば，職業適性を持ちうることになる。

ここで，職業とは「日常的に従事する業務のことを指し，持ちうる知識や技能を用いて遂行する一群の職務のこと」と定義する。総務省の作成した「日本標準職業分類（2009 年）」によると，日本における職業は，以下に示すように12 種類に分類される[5]。

- 管理的職業
- 専門的・技術的職業
- 事務
- 販売
- サービス職業
- 保安職業

- 農林漁業
- 生産工程
- 輸送・機械運転
- 建設・採掘
- 運搬・清掃・包装など
- 分類不能の職業

上記の分類の各職業には，さらに中分類・小分類と，職業の中で遂行される職務が細分化されている。これらの細分化された職務を遂行するには，それに応じた知識や技能が要求される。そこで，求職者が職務に必要な知識や技能を有しているかを評価するために，職業適性検査が用いられる。

職業適性検査に代表されるものとして**一般職業適性検査**（General Aptitude Test Battery; **GATB**）がある。この一般職業適性検査は，米国において 10年間の開発期間を経て 1944 年に発表されている。米国版が日本語に翻訳されるとともに，日本人のデータ標準化が完了した 1952 年に日本語版が発表されている。その後，高度成長時代を支えた，金の卵と呼ばれた中学校や高等学校の卒業生を対象に，就職先のスクリーニングテストとして用いられた経緯がある。

日本版一般職業適性検査は，11 項目の紙筆検査と 4 項目の器具検査から構成されている。以下に，紙筆検査と器具検査の内容を示す[6]。

- 検査 1：円打点検査（○の中に点を打つ検査）
- 検査 2：記号記入検査（記号を記入する検査）
- 検査 3：形態照合検査（形と大きさの同じ図形を探し出す検査）
- 検査 4：名詞比較検査（文字・数字の違いを見つける検査）
- 検査 5：図形照合検査（同じ図形を見つけ出す検査）
- 検査 6：平面図判断検査（置き方を変えた図形を見つけ出す検査）
- 検査 7：計算検査（加減乗除の計算を行う検査）
- 検査 8：語意検査（同意語かまたは反意語を見つけ出す検査）
- 検査 9：立体図判断検査（展開図で表された立体図を探し出す検査）

- 検査 10：文章完成検査（文章を完成する検査）
- 検査 11：算数応用検査（応用問題を解く検査）
- 器具検査 1：差し込み検査（ペグ棒を差し込む検査）
- 器具検査 2：差し替え検査（ペグ棒を上下逆に差し替える検査）
- 器具検査 3：組み合わせ検査（丸びょうと座金を組み合わせる検査）
- 器具検査 4：分解検査（丸びょうと座金を分解する検査）

この検査においては，以下に示す 9 項目の適性能が評価される．紙筆検査における検査 1 および検査 2，器具検査を除いて，2 章に述べたサーストンの知能の 7 因子に類似するものが評価される．

- 知的能力（G：general intelligence）

    一般的な学習能力で，説明・教示や諸原理を理解したり，物事を推理・判断する能力で，検査 9，検査 10，検査 11 が該当する．

- 言語能力（V：verbal aptitude）

    言語の意味およびそれに関連した概念を理解し，それを有効に使いこなす能力，また言語相互の関係および文章や句の意味を理解する能力で，検査 8 と検査 10 が該当する．

- 数理能力（N：numerical aptitude）

    計算を正確に速く行うとともに，応用問題を推理し，解く能力で，検査 7 と検査 11 が該当する．

- 書記的知覚（Q：clerical perception）

    ことばや印刷物，伝票類を細部まで正しく知覚する能力，文字や数字を直感的に比較弁別し，違いを見つけ，あるいは校正する能力，文字や数字に限らず，対象を素早く知覚する能力で，検査 4 が該当する．なお，頭文字の Q はクラリカル（clerical）の発音に合わせているという注が付与されている．

- 空間判断力（S：spatial aptitude）

    立体形を理解したり，平面図から立体形を想像したり，考えたりする能力，物体間の位置関係とその変化を正しく理解する能力，設計図を読ん

だり，幾何学の問題を解いたりする能力で，検査6と検査9が該当する。

- 形態知覚（P：form perception）

  物体あるいは図解されたものを細部まで正しく知覚する能力，図形を見比べて，その形や陰影，線の太さや長さなど細かい差異を弁別する能力で，検査3と検査5が該当する。なお，指先の器用さ（F）と区別するため，頭文字は知覚（perception）のPが用いられている。

- 運動共応（K：motor coordination）

  眼と手または指を共応させて，迅速かつ正確に作業を遂行する能力，眼で見ながら，手で迅速な運動を正しくコントロールする能力で，検査1と検査2が該当する。なお，手腕の器用さ（M）と区別するため，頭文字はキネティック（kinetic）のKが用いられている。

- 指先の器用さ（F：finger dexterity）

  速く，しかも正確に指を動かし，小さいものを巧みに取り扱う能力で，器具検査3と器具検査4が該当する。

- 手腕の器用さ（M：manual dexterity）

  手腕を思うままに巧みに動かす能力，物を取り上げたり，定められた

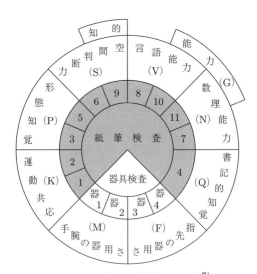

図 3.3 各検査と適性能との関係[7)]

位置関係で正確に素早く持ち替えたりするなどの，手腕や手首を巧みに動かす能力で，器具検査1と器具検査2が該当する。

図**3.3**に各検査と適性能との関係を示す[7]。一般職業適性検査においては，職業領域ごとに必要な適性能が定められており，対象者の適性能とのマッチングを行った上で就職ガイダンスを進めていく。なお，具体的な検査項目に関しては，一般社団法人雇用問題研究会の「厚生労働省編 一般職業適性検査」のウェブページを参照していただきたい[8]。

3.1.3 性 格 特 性

組織にとって必要な人材を確保するためには，職業興味と職業特性のほかに性格特性も重要であると考えられている。その理由として，潜在的には優れた職業適性を持ちながら，性格の特性の影響を受け顕在化できないことがあるためである。よって，求職者の性格特性を客観的に把握することは，適材適所（the right man in the right place）な人材配置に欠かせない。

(1) Y-G 性格検査

性格特性を把握するための性格検査は，これまで多く開発されている。代表的な検査尺度として，**Y-G 性格検査**（**矢田部・ギルフォード検査**）を紹介する。

Y-G 性格検査は，**ギルフォード**（Guilford, J.P.）らが作成した性格検査を矢田部が改訂して作成された性格検査である[9]。この性格検査は，人格（パーソナリティ）を構成する12尺度を120の質問項目で問うものである。以下に，人格特性を示す12尺度を示す。

- 抑うつ性（D：depression）：陰気で悲観的な傾向
- 回帰性傾向（C：cyclic tendency）：気分が変わりやすい傾向
- 劣等感（I：inferiority feelings）：自信のなさや自己の過小評価傾向
- 神経質（N：nervousness）：過敏・心配性傾向
- 客観性（O：objectivity）：空想的・過敏でない傾向
- 協調性（Co：cooperativeness）：不満感や不信感がない傾向
- 攻撃性（Ag：aggressiveness）：短気で攻撃的な傾向

- 一般的活動性（G：general activity）：心身とも活発な傾向
- のん気さ（R：rhathymia）：気軽で衝動的な傾向
- 思考的外向・内向（T：thinking extroversion/introversion）：思慮が不足しているか否かの傾向
- 支配性（A：ascendance）：指導性のある傾向
- 社会的外向・内向（S：social extroversion/introversion）：社会的接触を好むか否かの傾向

以上の 12 尺度のうち D〜Co の 6 尺度は情緒性，Ag〜S の 6 尺度は内向性-外向性を示すものである。これらの尺度得点を用いて，性格傾向を推測する。

(2) 内田クレペリン検査

つぎに，職務に対する耐性を測定する検査に内田クレペリン検査がある。ここで，耐性とは，単純繰り返し作業や長時間作業に対して継続する能力のことを指す。以下に内田クレペリン検査の概要を示す。

内田クレペリン検査は，**クレペリン**（Kraepelin, E.）が考案した作業曲線（作業量と時間経過との関係を曲線で表したもの）をもとにして**内田**が開発した，精神作業を用いた性格検査法である[10]。

検査の内容は，「1 桁の連続加算作業を 15 分行った後，5 分間休憩し，その後また 15 分間連続加算作業を行う」というものである。その結果をもとに作業量と時間経過を作業曲線に表し，計算の速さ，休憩効果，疲れやすさ，気分の乗り，気持ちの動揺，緊張傾向などを評価する。これらの評価結果より，職務に対する耐性を評価することが可能である。

┤ コーヒーブレイク ├

ワークサンプル手法を用いた職業評価法

1944 年に米国で開発された一般職業適性検査（GATB）は，職務に必要な諸能力をテストバッテリー化したものであった。その後，障害者を対象とした職業適性検査が開発された。これらの検査は，具体的な職務内容を評価するワークサンプル（作業内容の抜き取り）手法を用いたもので，職務適性を具体的に評価するものである。その代表的なものとして，Tower System がある[11]。

3.2 能 力 開 発

最適な人材を確保できたとしても，企業組織において要求される職務をすぐに十分に遂行できるとは限らない。特に，経験を持たない人材の場合には，その企業における職務遂行の手順や必要な知識や技能を習得するための手段が必要となる。

3.2.1 訓 練 の 手 順

訓練（training）の実施手順に関しては，**アレン**（Allen, C.R.）の考案した**4段階職業指導法**がある[12]。この指導法では，以下のように4段階の手順で構成されている。

(1) 準備と基礎

準備と基礎（preparation and foundation）は「示唆的な質問，実演や例示，体験」によって構成される。指導者は，訓練生（訓練を受ける者）がどの職務遂行に必要な知識や技能を備えているか質問しながら，訓練の準備を行う。このような質問は，示唆的な質問と呼ばれる。つぎに，指導者により職務の実演や例示が行われ，それを手本に職務を体験する。

(2) 実演と理解

つぎに，実演と理解（presentation and putting over）は「実演と例示，理解」によって構成される。このステップでは，訓練生が職務遂行の手順を理解するために，指導者の実演と例示を手本に，繰り返し職務を体験する。

(3) 応用と診断

応用と診断（application and checking up）は，「実際の職務に対する質疑と応答，筆記による試験」によって構成される。このステップでは，実際の職務においてステップ2の実演と理解で得られた成果のチェックを行う。

(4) 点検と最終検査

最後の点検と最終検査（inspection and final test）は，「実際に職務を遂行するかたわらでの，職務内容の口頭による説明と実地試験」によって構成される。このステップで目標の知識や技能が習得されたと確認されれば，訓練は終了となる。

　この訓練に関して，暗黙知（3.3.2 項 (2) を参照）を介さないと伝授できない技能の場合には，通常の訓練方法では訓練生がそれを習得するのが困難であったり，時間を要したりする場合がある。

3.2.2　職場内訓練と職場外訓練

つぎに，職場の内外において職務能力の開発のためのさまざまな**訓練**（training）が行われる場合が多い。ここでは，能力開発のための方法として，職場内訓練と職場外訓練を中心に紹介することとする。

(1) 職場内訓練

まず，新入社員などに対する職務遂行上必要な知識や技術の研修機会として，**職場内訓練**（on the job training; **OJT**）がある。これは，職場内において，専門知識や熟練技能を有した先輩社員などから実際の職務を通して研修を行う方法である。この方法には，得られた知識や技能がすぐに活用できるというメリットがある。一方で，これまで職務を受け持っていた先輩社員は，新入社員の指導をしながら自らも職務を遂行しなければならない点で負荷がかかるというデメリットも生じる。しかしながら，後進の育成のためにはやむを得ないことでもある。

(2) 職場外訓練

職場内訓練のほかに，社外や社内に外部の講師を招き訓練を行うのが効率的な場合もある。このような方式を**職場外訓練**（off the job training; **Off-JT**）と呼ぶ。この方式の訓練は，OJT のように職務に直接関係する知識や技能の修得ではなく，将来に向けての能力開発に必要なものを習得するために行われる

場合が多い。また，外部研修などで異業種の経営ノウハウを学ぶことにより新しい気づきが生まれるなどの効果もある。

3.2.3　その他の能力開発

OJT や Off-JT 以外の従業員の能力開発として，出向制度がある。本来所属している会社組織から子会社や関連会社といった他の企業組織に転籍し職務を遂行する制度である。出向制度には，出向先の持つ技術や経営戦略を習得する機会があり，従業員の新たな知識や技術の習得という点で能力開発の一つとして考えることができる。また，職務に関連する知識や技能の習得や資格の取得に自らチャレンジする自己啓発的な活動も，能力開発の一つと考えることができる。

3.3　組織における学習と知

3.3.1　組織学習の概念

職務において高い成果を挙げるために必要な専門的知識や技能は，従業員や作業者といった人間によって習得される。一人の人間によってすべての職務が遂行される場合には個人の職務能力などにより成果が決まる。しかし，組織においては職務が分業化され，複数の人間によって遂行される。そのため，個々の人間が組織の目標達成を意識して職務遂行していく必要がある。

センゲ (Senge, P.) は，組織のパフォーマンスを高めるための方法論として**組織学習** (organizational learning) という概念を提唱した。そもそも，組織学習は成熟理論を世に知らしめた心理学者のアージリス (Argyris, C.) が提唱した概念であり，「組織は学習の過程を経て複雑性や変化に適応する」と指摘した。組織学習では，組織に属するメンバーが共通の目標（ビジョン）を持ち，それに向かって各人が知識や技能を習得していくことが必要であるという考え方である[13]。**図 3.4** に示す，組織学習を構築する五つの規律 (discipline) について解説する。

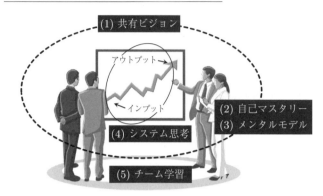

図 **3.4** 組織学習の五つの規律

(1) 共有ビジョン（shared vision）

組織の持つ目標をメンバーが共通認識として持ち，ビジョン（将来なりたい姿）として共有化すること。

(2) 自己マスタリー（personal mastery）

自己の現状と理想とのギャップを認識し，そのギャップを埋めるために自ら積極的に学習する姿勢を持つこと。

(3) メンタルモデル（mental model）

行動イメージ（意思決定）のことで，自らの持つ思い込みや固定観念がメンタルモデルに大きな影響を与えることを認識し，より良い行動イメージを持てるようにすること。

(4) システム思考（system thinking）

インプットとアウトプットの関係（因果関係）を客観的に把握すること。

(5) チーム学習（team learning）

組織を構成するメンバーが会話を通して議論し，互いに協力しながら学習すること。

急激な外的環境の変化に対応し，つねに成長する組織を作り上げるためには，この組織学習の実践が有効である。以下に，組織学習に関連する概念について解説する。

3.3.2 組織における知の共有化

(1) 個人の知と組織の知

経営組織を効率的に動かすには，ヒト・モノ・カネ・情報の四つの要素を有効に活用する必要がある。そして，生産現場や関連研究の成果が，要素を有効に動かすためのノウハウとして蓄積されてきた。このノウハウは**経営技術**（management of technology; **MOT**）とも呼ばれ，経営上の重要な知識として取り扱われている。

ここで，組織の持つ知（知識）について考えてみよう。経営組織では，複数の従業員というメンバーが，与えられた職務を必要な知識や技能を用いて遂行している。各従業員が持つ知識や技能は，あくまで個人の知である。しかし，組織は複数の従業員の集合体であるため，個人の知が集約されて組織の持つ知が構築される。これを**組織知**と呼ぶ。**図 3.5** に示す例で，組織知について考えてみよう。

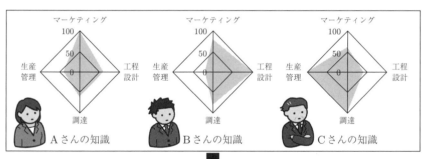

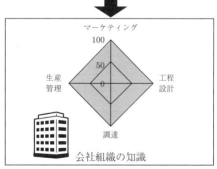

図 **3.5** 個人の知と組織の知

ある生産部門に，A，B，Cの3人の従業員がいると仮定する。Aさんはマーケティングに関する知識を，Bさんは工程設計の知識を，そしてCさんは調達と生産管理の知識を持っている。各メンバーの個人の知としては，生産部門に必要な知識は網羅されていないが，これらのメンバーが集まった組織においては，必要な知識が網羅されることになる。このように，組織知は個人の知の集合体であるといえる。

(2) 形式知と暗黙知

知識は，**形式知**（explicit knowledge）と**暗黙知**（tacit knowledge）とに二分することができる。

まず，形式知は「文法にのっとった文章，数学的表現，技術仕様，マニュアルなどに見られる形式言語によって表すことができる知識」と定義される[14]。われわれが日常生活において習得したり，活用する知識の多くはこの形式知である。

一方，暗黙知は**ポランニー**（Polanyi, M.）により生み出された概念であり，「人間一人ひとりの体験に根ざす個人的な知識であり，信念，ものの見方，価値システムといった無形の要素を含む知識」と定義され[15]，形式言語で言い表すことが難しいものである。暗黙知が注目された一因として，第2次世界大戦後の第1次ベビーブームに生まれた**団塊の世代**が定年を迎え，一時期に大量に退職してしまうという事態が挙げられる。特に製造業においては，熟練した従業員が大量に退職することにより，彼らの持つ特殊な技術に対する**技能**をいかに後進に伝承するかが喫緊の課題となったのである。

(3) 知識変換の四つのモード

暗黙知を形式知に変換するプロセスについて，さまざまな企業における事例をもとに考察したのが野中らである。野中らは，暗黙知を形式知に変換する**知識変換**のプロセスは，**図3.6**に示す四つのモードで構成されると指摘している[16]。

まず，**共同化**（socialization）は「経験を共有することによりメンタルモデルや技能などの暗黙知を獲得するプロセス」である。つぎに，**表出化**（externalization）は，「暗黙知を明確なコンセプトに表すプロセス」で，ここで初めて暗黙知が形式

モード	変換プロセスの内容	変換前	変換後
共同化 (socialization)	経験を共有することによりメンタルモデルや技能などの暗黙知を獲得するプロセス	暗黙知	暗黙知
表出化 (externalization)	暗黙知を明確なコンセプトに表すプロセス	暗黙知	形式知
連結化 (combination)	コンセプトを組み合わせて一つの知識体系を作り出すプロセス	形式知	形式知
内面化 (internalization)	形式知を暗黙知へ体化するプロセス	形式知	暗黙知

図 3.6 四つの知識変換モード（SECI モデル）

知化される。さらに，**連結化**（combination）は「コンセプトを組み合わせて一つの知識体系を作り出すプロセス」で，これまでの暗黙知を組み合わせて新たな知識を形式知として作り出すことが可能となる。最後に，**内面化**（internalization）は「形式知を暗黙知へ体化するプロセス」であり，これにより新たに作り出された形式知がそれを使用する人間と一体化する。以上のような知識の変換プロセスは，各プロセスの頭文字を取り **SECI モデル**と呼ばれる。暗黙知の形式知化は，熟練した技能を後世に伝えるために必要なプロセスであるが，そのプロセスにはさまざまな困難があり，今後の実現化が期待されている。

(4) 知識・技能の学習

日常生活において人間はさまざまな行為を行っている。生まれて間もない乳児も時間を重ねるたびに日常生活行為をうまく行うことができるようになる。特に職務生活においては，与えられた職務を円滑に遂行するために必要な知識や技能を習得する必要がある。このような知識や技能を身に付けるのに必要なプロセスが**学習**（learning）である。以下に，学習のプロセスについて解説する。

- 学習モデル

  人間が知識や技能を習得するプロセスを**学習モデル**と呼び，その代表的なものとして，学習転移モデルと経験学習モデルがある[17]。

　　まず，**学習転移**（transfer of learning）**モデル**は「他者から必要な知識を教授され，それを理解し，自らの職務に生かすような学習プロセス」のことである。知識としては，形式として体系化されたものを対象とする場合が多い。このモデルは「伝達可能な知識を創造」→「創造された知識を学習者に伝達」→「学習者が伝達された知識を習得」→「習得した知識を学習者が職務で応用」というプロセスで構成され[18]，学習の場としては Off-JT が多く見られる。つぎに，**経験学習**（experimental learning）**モデル**は，**コルブ**（Kolb, D.A.）が提唱したモデルで，現場における実施の職務など，経験を通して熟練者の技能などを体得することを目的としたものである。「実践」→「経験」→「省察」というプロセスで構成される[19]。主として，OJT の場で多く見られ，暗黙知を対象として習得することが多い。

● 改善を意識した学習

　　学習のプロセスにおいては，通常は文章化された手順書（マニュアル）や熟練者の指導により，必要な知識や技能を身に付ける。学習の概念には，「変化する環境に適応する」ことも含まれている。アージリスらは，既成の知識や技能を身に付ける学習を**シングルループ学習**（single loop learning），環境の変化への対応や改善を意識した学習を**ダブルループ学習**（double loop learning）と呼んでいる[20]。

　　まず，シングルループ学習とは「習得した知識や技能にのっとって職務を遂行すること」である。ラスムッセンの三つの認知処理においては，規則（ルール）ベースの処理に従った行動に該当する。つぎに，ダブルループ学習とは「習得した知識や技能を用いて職務を遂行しながら，手順の問題点や知識の追加や技能の行動化を目指して新たな学習を行うこと」である。これは，知識ベースの認知処理に従って行動することに該当する。このダブルループ学習を行うことにより，個人の知識が広がるとともに，技能も高度化することが期待される。

3.4　組織におけるコミュニケーション

　コミュニケーションという行為は，経営活動においては非常に重要な役割を担う。組織においては，経営活動を円滑に行うために，経営方針がトップから現場の従業員に対してコミュニケーションという方法を用いて伝えられる。また，一連の経営活動を分業化し，それぞれの分業を担う各組織（部署）内においても，管理者（マネージャー）と部下との間でコミュニケーションがとられる。そこで，コミュニケーションの定義と，コミュニケーションの内容について考えてみる。

3.4.1　コミュニケーションの定義

　コミュニケーションの定義に関してはさまざまなものがあるが，ここでは「個人と個人（複数の人間）との間で，感情や意思，知識や経験などの伝達や交換が行われること」と定義する。

　コミュニケーションの内容の中で，**感情**は情動（emotion）と気分（mood）とに分けられる[21]。情動においては影響を受ける対象が明確であり，「喜び」「愛情」「怒り」「恐れ」「寂しさ」「嫌悪感」「驚き」などの次元があるが，気分の場合には影響要因が不特定であり，次元も複合的であるとされている。つぎに，**意思**は自分の思いや考えのことを指す。1章で人間の情報処理（S-O-R）モデルを用いて説明したように，入手した外部の情報に基づき知覚・認知処理を行った上で意思決定された内容である。さらに，知識と技能は，学習などにより習得した職務に有効な手段となる。特に技能に関しては，すでに説明した形式知を用いて伝達できるものと，その技能を持つ本人にしか説明が難しい暗黙知であり，伝達できないものとに分けることができる。暗黙知をどのようにして形式知に変換するかが大きな課題となっている。

　さらに，感情や意思，知識や経験を伝える**媒体**としては，表情や態度，言葉，文字，記号，画像などがある。

3.4.2 コミュニケーションの成立と効率化

コミュニケーションが成立するためには，以下のような条件が必要である[22]。

- 情報の送り手（発信者）
- 伝達すべき情報の内容と媒体
- 情報の受け手（受信者）
- 送り手から受け手への影響
- 受け手から送り手へのフィードバック

「送り手から受け手への影響」とは，発信者が受信者に対してなんらかの気づきを与えるものであり，「受け手から送り手へのフィードバック」とは，受信者の情報に対する気づきの状態を返すことである。この両者は，コミュニケーションにおいて特に重要な要素である。

また，コミュニケーションをより効率的なものとするためには，以下の点に留意する必要がある。

- 伝達の目的や内容を明確にする
- 受け手の注意を喚起し，コミュニケーションに関与させる
- 伝達の経路を明確，かつ簡潔にする
- 複数の伝達方法を用意する

特に，複数の伝達方法を用意する理由として，例えば，言葉では詳細に説明できないことを図示することで，より正確で詳細に伝達が可能となることが挙げられる。つまり，情報を取り入れる機能である視覚機能と聴覚機能を併用することで，コミュニケーション効率が高まる。

3.4.3 コミュニケーションの形式

(1) 媒体の違いによるコミュニケーション形式

用いる媒体の違いにより，言語的コミュニケーションと非言語的コミュニケーションに分類することができる。

言語的コミュニケーション（verbal communication）とは，言葉や文字，記号，画像といった明確な意味を持つ媒体を用いて行うコミュニケーションで，

業務上必要な情報を伝達する場合などに用いられる。一方，**非言語的コミュニ
ケーション**（nonverbal communication）とは，表情や態度といった身体の一
部や動作を媒体として行うコミュニケーションであり，主として感情を表すと
きに用いられる。

(2) 情報の伝達方向の違いによるコミュニケーション形式

つぎに，情報の伝達方向の違いによるコミュニケーション形式について見て
みよう。まず，われわれが日常生活で行うコミュニケーションは**対人的コミュ
ニケーション**と呼ばれるもので，1人対1人あるいは1人対複数人の間で交わ
されるコミュニケーションである。この場合には，送り手と受け手の間で**双方
向的**なものとなる。また，新聞やテレビ，ラジオから読み手や視聴者に情報が
提供されるコミュニケーションは**マスコミュニケーション**と呼ばれ，一方向的
なもので，一度に不特定多数の人間に情報が伝達される。

3.4.4 コミュニケーションスキル

本章の最後として，組織内における知識や技能の共有化に欠かせない**コミュニ
ケーションスキル**について紹介する。コミュニケーションスキルは，「社会の中
で対人関係を円滑に運営する学習可能な適応能力」である**社会的スキル**（social
skill）の一つである。

コーヒーブレイク

ほうれんそう

「ほうれんそう」という言葉からなにを連想するだろうか。年配の方は，ポパ
イの大好物のほうれん草を思い出すかもしれない。ここでは，組織におけるコ
ミュニケーションで重要な役割を担う「報・連・相」について考えてみたい。報
は「報告」，連は「連絡」，相は「相談」の漢字の頭文字を取ったものである。報
告は「業務の進捗内容を上司に伝えること」，連絡は「業務に関係している者に
情報を伝えること」，相談は「業務における問題点に関して上司や同僚にその解
決策を問うこと」である。この報・連・相をうまく活用すると，業務も効率良く
進捗する。

大坊は，コミュニケーションスキルを構成する重要な要素として，**記号化**（自分のメッセージを適切に表出すること）と**解読**（他者のメッセージを的確に把握すること）の二つを挙げている[23]。また，相川は重要な要素として，「自分を**主張**（**アサーション**）するスキル」と「人の話を聴くスキル」の二つを挙げている[24]。主張は「自分の権利を擁護し，思考，感情，信念を直接的に，そして他者の権利を尊重するような適切な方法で表現すること」である。

章 末 問 題

【1】 職業適性検査の一つである SPI について調べなさい。

【2】 性格特性の五つの尺度（ビッグファイブ）について調べなさい。

【3】 図 **3.7** に示すリービット（Leavitt, H.J.）のネットワークモデル[25]を用い，各型において A から E の方向に伝言ゲームを行った。伝言の順番をアルファベット順とした場合に，伝言の精度を比較しなさい。

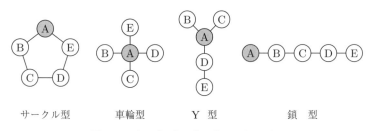

サークル型   車輪型   Ｙ 型   鎖 型

図 3.7 リービットのネットワークモデル

【4】 アイデアの発想法であるブレインストーミングについて調べ，まとめなさい。

4 | より良い職務遂行環境の提供

　働く場には，さまざまな業種があり，さまざまな職種がある。業種は，第1次・第2次・第3次産業に分類される。大量かつ多種・多様なデータを短時間で処理し，世界中に瞬時に発信できる高度情報化社会の到来により，知識集約型の産業は第4次産業と呼ばれるようになった。いずれの産業においても，製品やサービスをどのように効率良く提供するかが課題となる。いくら製品やサービスを提供する作業者が優秀な職務能力を有していても，生産システムが非効率なものであれば，それらの能力を十分に活用することはできない。本章においては，生産現場において導入された大量生産方式の効率化に貢献した IE 手法などを例にとり，図 4.1 に示すように，職務を遂行する作業者がその能力を十分に発揮できるより良い職務環境の提供方法について考えてみる。

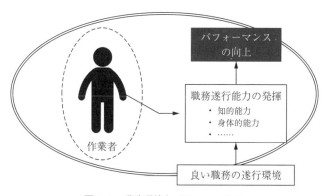

図 4.1　職務環境とパフォーマンス

4.1　生産現場の管理

　モノづくりの現場においては，**家内制手工業**が従前の主たる生産方式であった。18 世紀半ば，**ワット**（Watt, J.）の蒸気機関の発明に端を発するといわれている**産業革命**以降，工場と呼ばれる生産現場においては動力を用いた加工用の機械・設備が導入され，一度に大量の工業製品の生産が可能となった。1900年代に入ると，**フォード生産方式**に代表されるように，工場内では大量生産方式が次々と導入されていった。大量生産方式の導入された工場においては，作業者や機械・設備によりライン上でさまざまなプロセスが施され，原材料から完成品へ加工されていくようになった。

　このような生産現場においては，さまざまな工程における作業者や機械・設備の稼働状況を効率良く管理するために，**テーラー**（Taylor, F.W.）の**科学的管理法**が導入され，「作業者の行うべき 1 日の標準的な作業量」が設定され，生産現場における生産量の管理が行われるようになった。このテーラーの考案した科学的管理法に基づいて，**IE 手法**と呼ばれる生産現場の効率化の手法が開発され，生産現場に浸透していった[1]。IE とは industrial engineering の頭文字を取ったもので，**産業工学**とも呼ばれる。以下に，IE 手法の成り立ちとその活用方法について説明する。

4.2　業務の分業化と工程設計

　従来の生産活動においては，家内制手工業に代表される「一人あるいは少数の作業者が手作業により生産物を完成させる」という生産方式が主流であった。しかし，産業革命を経て生産現場に動力により稼動する加工機械が導入され，一度に大量の生産物を生み出すことが可能となった。これらの背景のもと，「工場内では大量生産という目標を掲げ，その目標を効率良く達成」するため，

図 **4.2** に示すように生産に必要な業務を分割し，作業者や機械・設備に役割を負荷するという**分業化**の考え方が一般的になった。

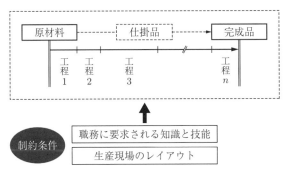

図 **4.2**　業務の分業化と工程の構成

　分業化の目的は，大量生産に対応するためモノづくりに要求される技術を分析し，それに対する知識や技能を持った作業者をグループ化して，生産の効率性を高めることにあった。しかしながら，効率の良い分業化にはさまざまな**制約条件**が存在する。ここで，制約条件とは「さまざまな活動を進める上で妨げとなる時間的制約や物理的制約といった諸条件」のことを指す。経営資源の制約条件のもとで分業化を進める際に考慮すべき点について解説し，さらには分業化による工程の設計方法についても述べることとする。

　なお，本書においては，**業務**は「経営活動を行う部署において遂行すべき仕事の集まり」，そして**職務**は「分業化された業務において各作業者が担当する仕事」と定義する。

4.2.1　分業化の際の制約条件

(1) 職務に要求される知識と技能

　生産現場における一連の業務を分業化する際にさまざまな制約条件が存在することはすでに述べた。それらの中で最も大きな制約条件となるのが，業務を分割して工程化したときの各工程における職務に要求される知識や技能と，それを担当する作業者の有する知識や技能とのマッチングである。高度な知識や

技能が要求される職務の場合には，それに対する知識や熟練した技能を有する作業者が必要となる。一方で，それほど高度な技能が要求されない職務の場合には，専門的な知識や熟練した技能は必要とされない。よって，要求される知識や技能に基づいて業務を分業化することにより，必要な人材を明確にすることができる。また，高度な知識・技能が必要でない職務の場合には，職務内容を手順（マニュアル）化することにより，だれでもその職務を担当することが可能となり，人材の確保も容易となる。さらには，担当する業務を繰り返し作業として行うことで，**習熟**の度合いが高まり，作業の効率化が期待できる。

しかしながら，知識や技能をあまり必要としない職務を，長時間繰り返して行うことにより，**単調感**が生じ，作業への集中力が低下するとともに**労働意欲（ワークモチベーション）**が低下し，その結果として生産効率が悪くなってしまうというデメリットがある。このような現象を解消するために，単純繰り返し作業ではなく一連の作業プロセスを作業者のペースで行うという**セル生産**（屋台生産とも呼ばれる）方式も注目されている。このセル生産方式では，原材料から完成品あるいは区切りの良い仕掛品までを一人の作業者が担当するため，工程間の作業時間のバラツキを考える必要がなく，完成までの時間である**リードタイム**も短くなる。

最後に，業務の分業化のメリットとデメリットについて**図 4.3** に示す。

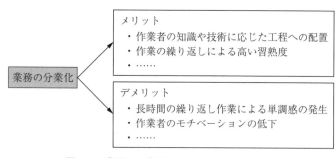

図 4.3 業務の分業化のメリットとデメリット

(2) 生産現場のレイアウト

つぎに，業務の分業化を行う上で制約条件となるのが，生産現場のレイアウトなどの物理的環境である。例えば，工場が平屋ではない場合，内部の生産工程が立体的にレイアウトされるため，同一工程が階下や階上にまたがって設置されていると，作業者の移動や仕掛品の運搬が必要になり，生産効率が低下してしまう。生産現場の作業の効率化には，**工程分析**（後述）や**レイアウト分析**を用いて現状を把握し，可能な限り移動や運搬の頻度や距離を低減することが必要となる。

しかしながら，例えば，大型のプレス機など重量物で振動を生じる装置は設置場所が制限されるため，やむを得ず移動や運搬が生じてしまう場合もある。運搬作業の場合には，運搬するものの重量と移動距離を掛け合わせた数値である**仕事量**が**作業負荷**となり，この負荷が大きくなりすぎると作業者に疲労が生じてしまう。重量物を短い距離運搬する場合でも，軽量物を長い距離運搬する場合でも，重量と距離を掛け合わせた仕事量が同じであれば，かかる負荷も同じであるので，**図 4.4** に示すような **DI 分析**を用い[2]，網掛けで示した負荷の大きいと考えられる仕事量が要求される運搬の場合には，台車やフォークリフトなど負荷を軽減する運搬手段を用いる。

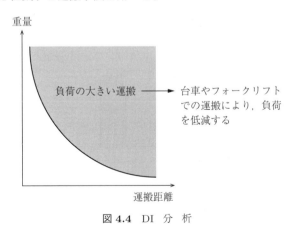

図 4.4　DI 分 析

そのほかに，生産工程において一部の工程を外注する場合などは，発注してから納品までの所要時間である**リードタイム**を考慮した工程設計が必要となる。

4.2.2 工程バランスと効率性

業務を分業化し，いくつかの工程に分割した後に検討すべき内容として，工程バランスの評価が挙げられる。仕掛品が順序に従って工程を経て完成品になる**ライン生産（流れ作業）**方式の場合には，各工程の作業負荷（通常は，所要作業時間）のバランスをとることで，生産の効率化を図ることが可能となる。しかし，昨今の生産現場においては，同じラインに多品種で少量の製品を流す場合が多く，工程間の負荷のバランスをとることがより重要な課題となっている。

ここで，**ライン編成効率**の求め方について見てみる[3]。**図 4.5** に示すような三つの工程で構成されている製造ラインを想定してみよう。横軸は工程，縦軸の数値は各工程に要する作業時間とする。このようなラインを滞りなく流すためには，最も作業時間の長い工程 2（ネック工程と呼ぶ）に合わせてラインを動かす必要がある。加工対象の部品や仕掛品をラインに投入する間隔のことを，**タクトタイム**あるいは**ピッチタイム**と呼び，ラインの編成効率を高めれば投入間隔を短縮でき，その結果生産効率も高まる。

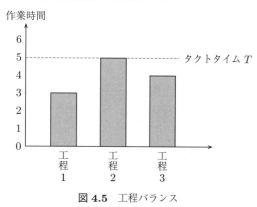

図 4.5 工程バランス

このように考えると，各工程の作業時間が同じであれば，タクトタイムと各作業時間とを一致させることが可能であり，各工程に手待ちがなくなり，まった

くムダのないラインを編成することが可能となる。つまり，工程数×タクトタイム分の作業時間を最大限に利用できる場合に，100％の効率化が可能となる。

図 4.5 に示した例でライン編成の効率 E を計算すると，以下のようになる。ただし，w_i は各工程の作業時間，T はタクトタイムである。

$$E = \frac{w_1 + w_2 + w_3}{T \times 3} \times 100$$
$$= \frac{3 + 5 + 4}{5 \times 3} \times 100 = \frac{12}{15} \times 100 = 80\,\%$$

計算の結果より，図 4.5 のライン編成の場合には，その効率は 80％ となることがわかる。n 個の工程からなるラインの編成効率の計算式を式 (4.1) に示しておく。

$$E = \frac{w_1 + w_2 + w_3 + \cdots + w_n}{T \times n} \times 100$$
$$= \sum_{n=1}^{n} \frac{w_i}{T \times n} \times 100 \quad 〔\%〕 \tag{4.1}$$

4.3　生産現場の管理指標

モノづくりやサービスの生産の現場で重要な**管理指標**として，品質（Q），原価（C），納期（D），安全（S），士気・意欲（M）の五つがある[4]。以下に，生産現場における五つの管理指標の重要性について述べる。

4.3.1　品　　　質

製品やサービスにおいて最も重要なものは，生産者にとっても消費者にとっても**品質**（Q：quality）であり，品質が確保されない限り，企業活動は円滑に行えない。良い品質とは，作る側から見ると，設計の際に盛り込まれた製品やサービスの機能が保持されていることであり，消費者側から見ると，期待する機能が盛り込まれていることである。

　通常，品質を管理するには，仕掛品や完成品の状態で必要な品質を有しているかどうかチェックする。この品質チェックには，**抜き取り検査**と**全数検査**がある。まず，抜き取り検査は，「同じ材料や部品を用い，同じ作業者や機械・設備で作った製品の集まりである**ロット**の中から抜き取り（サンプリング）を行い，不良があるかどうかをチェックする方法」である。一方，全数検査は「製造した製品をすべてチェックする方法」である。品質検査はあくまで市場に不良品を出さないことを目的としており，品質検査でチェックが漏れた場合には消費者の手に不良品が渡ってしまうこととなる。

　例えば，**図 4.6** に示すように，海に汚れた水が流れ込まないようにするためにはどうすればよいかを考えてみよう。雪解けの水が流れ込む川の源流（上流）はとてもきれいであるが，中流から下流へと進み，途中で生活排水や工場排水が流れ込むと川の水は汚れてしまう。よって，川に流れ込む生活排水や工場排水をしっかり処理して，川に汚れた水が流れ込まないようにする必要がある。品質管理もこれと同様に，どの工程で不良が出てしまったのか原因分析をしっかり行い，不良の出ない作り込み，つまり**源流管理**を心掛ける必要がある。

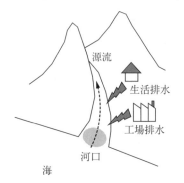

図 4.6　源流管理とは

4.3.2　原　　　　　価

　つぎに**原価**（C：cost）を取り上げる。営利企業は，基本的に利益を上げることを目的とした活動を行う。**図 4.7** に，販売価格を原価を構成する総費用と利

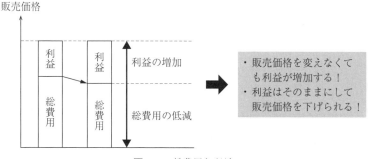

図 4.7 総費用と利益

益に分けて示す。現状の総費用に注目し，なんらかの改善を行い総費用の低減
が可能になったとしよう。販売価格が同一の場合には，総費用が低減すること
で利益が増加する。さらには，他社との競争が生じた場合にも，利益はそのま
まに総費用の低減した分を販売価格の下げ分にすることができ，原価の低減は
企業にとっては重要な課題となる。

つぎに，**図 4.8** に総費用と売上高の関係について示す。一般的に，総費用は**変
動費**と**固定費**に分けられる。変動費は，原材料費やパート雇用者の賃金など，生
産量に比例して変化する費用である。一方，固定費は正規雇用者の賃金や不動
産の賃貸料など，生産量に関係なく発生する一定の費用である。売上高は売上
量が多くなるほど増加する。また，1 個当りの販売価格により直線の傾きが変

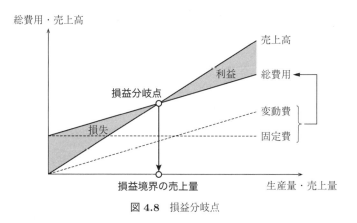

図 4.8 損益分岐点

わる。総費用の直線と売上高の直線が交わる点を，**損益分岐点**と呼ぶ。この点における売上量が，利益と損失の境界（損益境界）であり，この売上量を超えて初めて利益が生まれることとなる。利益を大きくするためには，まず固定費や変動費の削減を考える必要がある。

4.3.3 納   期

納期（D：delivery）は，受注生産においては注文を受けてから，また見込み生産においては生産を開始してから，完成品を工場から出荷し，受注先に納入するまでの期間を指す。一般の消費者としては，欲しいものは一刻も早く欲しいものである。しかしながら，モノづくりの現場においては，必ずしもそうであるとは限らない。その理由は，**在庫費用**が発生するためである。在庫とは，工場における仕掛品や販売店舗における商品のことをいい，これらの在庫を持つことにより発生する費用を在庫費用と呼ぶ。在庫費用には，在庫品を管理するための倉庫代や保険料，さらには仕様変更などに伴う**機会損失**などがある。

　一方で，一度の発注量が少量の場合には発注の頻度が多くなり，**発注費用**が増加してしまう。**図 4.9** に，発注量と在庫費用ならびに発注費用との関係を示す。最適な納期を検討する際，在庫費用と発注費用の和が最小となる発注量が「経済的な発注量」となる。

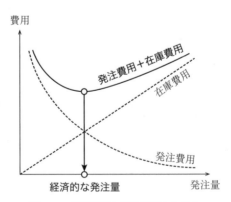

図 4.9　在庫費用と発注費用から見た
　　　　経済的な発注量

発注費用は大きくなるが，在庫を必要最小限に留めることで在庫費用を削減する考えである **JIT**（just in time）のような生産管理方法が主流となり，「必要なものを，必要なときに，必要なだけ」という納期の考え方が現在では浸透している。しかしながら，この考え方を現場で実現するためには**標準時間**の算出や多品種生産に対応するための生産計画などの厳格化が欠かせない。

4.3.4　安　　　　全

従業員が職場において**安全**（S：safety）に職務の遂行ができるようにすることを，**労働安全**と呼ぶ。厚生労働省は，職場において可能な限り安全な状態を維持することを「労働衛生」と呼んでいる。労働衛生には，「作業環境管理」「作業管理」「健康管理」の三つの管理がある[5]。

作業環境管理は「作業環境中の有害因子の状態を把握し，可能な限り良好な状態に管理すること」，作業管理は「環境を汚染させないような作業方法や，有害要因のばく露や作業負荷を軽減するような作業方法を定め，それが適切に実施されるように管理すること」，そして健康管理は「労働者個人個人の健康の状態を健康診断により直接チェックし，健康の異常を早期に発見したりその進行や増悪を防止したり，さらには元の健康状態に回復するための医学的，労務管理的な措置をとったりすること」と説明されている。

以上のように，労働者が効率良く職務遂行するためには，安全かつ健康に働くことのできる職場環境が欠かせない。

4.3.5　士　気・意　欲

士気（M：moral）は，「人々が団結して物事を行おうとする意気込み」（広辞苑）と定義されている。複数の人間が集団（組織）を構成してなにかの目的に向かって行動する場合には，広辞苑の定義にもあるように，人々の団結が欠かせない。いくら個々の人間が大量の知識や優秀な技能を有していたとしても，目的達成の行動を行っているときにその能力が十分に発揮されなければ，その達成は難しい。そもそも士気は，軍隊の統制を図る概念として用いられていた

言葉である。昨今では**意欲**（M：motivation）という言葉がふさわしいと考えられるが，いずれにせよ，これらの概念は，個人あるいは集団の中の個人が目的達成のために主体的に能力を発揮するために必要なものであると考えられる。そのためには，労働意欲（ワークモチベーション）やリーダーシップ，さらには組織風土の管理などが必要となる。労働意欲ならびにリーダーシップについては，5 章で詳しく述べる。

4.4　生産性の評価

生産現場における生産の効率性を示す指標として**生産性**（productivity）という概念がある。通常，生産性は式 (4.2) で表現される。

$$生産性 = \frac{産出量（output）}{投入量（input）} \times 100 \quad 〔\%〕 \tag{4.2}$$

図 4.10 にモノづくりにおける生産のプロセスについて示す。工場内においては，作業者や機械・設備，原材料やエネルギーなどを調達し，それらを用いて生産する。

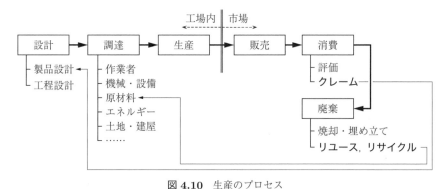

図 4.10　生産のプロセス

ここで，生産性を求めるための計算式である式 (4.2) の分母にある，**投入量**について考えてみる。投入量としては，作業者の人数や機械・設備の台数，原材料の数量や重量といったものが考えられる。これらの単位は互いに違うので，

まとめて代入することは難しく，それぞれの投入単位ごとに計算する必要がある。よって，生産性はそれぞれの単位ごとに算出した後に，どの投入要素を重視するかなどを考慮して総合的に評価する必要がある。また，分子の**産出量**には，生産のプロセスの結果として生み出された完成品の数量が代入される。

　以下に，作業者，機械・設備，原材料を対象とした場合の生産性の評価指標を示す[6]。

4.4.1　労　働　生　産　性

労働生産性は，投入した労働力に対してどのくらいの製品（あるいは仕掛品）が産出されたかを示す指標である。つまり，作業者が労働時間の中でどのくらい生産ができたかを評価することができる。計算式としては，式 (4.3) のように示される。

$$労働生産性 = \frac{生産数}{作業者の労働時間} \times 100 \quad 〔\%〕 \tag{4.3}$$

後に**標準時間**の求め方で述べるが，標準時間が設定されていれば，熟練した作業者なら単位時間当りでの生産個数は計算が可能である。よって，IE 手法を用いてムダのない標準作業を設定することが，労働生産性の向上に繋がる。

4.4.2　設　備　生　産　性

設備生産性は，使用した機械・設備がどのくらいの製品（あるいは仕掛品）を産出できたかを示す指標である。計算式としては，式 (4.4) のように示される。

$$設備生産性 = \frac{生産数}{機械・設備の操業時間} \times 100 \quad 〔\%〕 \tag{4.4}$$

製品の加工に要する機械・設備の操業においては，対象の製品ごとに機械・設備の仕様変更のための**段取り**を行う必要がある。段取り中は，機械・設備を稼動させることはできない。よって，この段取り時間をいかに短縮できるかが，設備生産性の向上には重要である。

4.4.3 原材料生産性

原材料生産性は，投入された原材料からどのくらいの完成品ができ上がったかを示す指標である。一般的には**歩留まり**とも呼ばれる。歩留まりは，式 (4.5) に示すように，完成品の中に含まれる不良品の割合である**不良率**により決まる場合が多い。

$$原材料生産性（歩留まり）＝ \frac{不良品の数量}{完成品の数量} \times 100 \quad 〔\%〕 \tag{4.5}$$

4.5　ムリ・ムダ・ムラの概念

生産現場における効率化を図るためには，**ムリ・ムダ・ムラ**を取り除く必要がある。まず，生産現場においては，「必要な数の製品を決められた時間内で完成させること」，「可能な限り生産にかかるコストを低減すること」などが**目的**として掲げられる。そして，その決められた生産数量を完成させるという目的を達成させるために，作業者や機械・設備，作業方法といった**方法**（手段）を用いる。目的と方法という二つの視点から，ムリ・ムダ・ムラとはどのような状態かを**図 4.11** を用いて説明することとする。

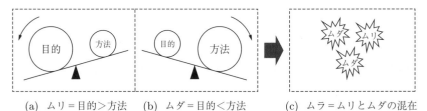

(a) ムリ＝目的＞方法　　(b) ムダ＝目的＜方法　　(c) ムラ＝ムリとムダの混在

図 4.11　ムリ・ムダ・ムラとは

4.5.1 ム　　　　リ

まず，**ムリ**とは，図 4.11 (a) に示すように，「目的を達成するための方法が貧弱な状態」のことを指す。つまり，要求された数量の製品を完成させるための作業者や機械・設備，作業方法が貧弱であるということである。例えば，「ある

製品について，納期が 1 日で 100 個の注文」が入ったとしよう。作業者の生産
能力が 1 日の労働時間で 50 個だとすれば，100 個生産するには 2 日を要するこ
ととなる。現状の作業者の生産能力を方法とすれば，1 日の納期で 100 個生産
するという目的を達成することができず，ムリな状態が生じる。このような状
態の場合には，**図 4.12** に示すように，目的である納期の見直しか，方法である
作業者の増員が必要となる。

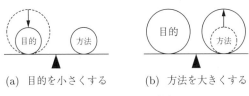

(a) 目的を小さくする　　　(b) 方法を大きくする

図 4.12　ムリの除去

4.5.2　ム　　　　ダ

つぎに**ムダ**とは，図 4.11 (b) に示すように，「目的を達成するための方法が立
派すぎる状態」のことを指す。つまり，要求された数量の製品を完成させるた
めの作業者や機械・設備，作業方法が立派すぎるということである。「ある
製品について，納期が 1 日で 100 個の注文」において作業者の生産能力が 1 日

コーヒーブレイク

小集団活動（QC サークル）

　生産活動で生み出されるモノやサービスは，最終的に品質の検査が行われた後
に消費者の手に渡る。このとき，統計的手法を用いて製品やサービスの品質を
保証するために用いられるのが，**統計的品質管理**（statistical quality control;
SQC）である。

　本章で述べた「源流管理」に示したように，本質的に製品やサービスの不良を
低減するためには，企業組織の全体で「品質」に関する高い意識を持つ必要があ
る。これを**全社的品質管理**（total quality control; **TQC**）と呼ぶ。このような
活動の一環として，小集団活動（QC サークル）が実施されている。これは，モ
ノやサービスの生産に直接関わる作業者がグループを作り，生産するモノやサー
ビスの品質向上やコストダウンのためのアイデアを出し合う活動を指す。

の労働時間で 200 個だとすれば，1 口で注文の 2 倍の生産が可能となる。現状
の作業者の生産能力を方法とすれば，1 日の納期を半日で達成でき，あと半日
分の労働時間が発生することとなる。このような状態の場合には，**図 4.13** に
示すように，100 個の受注を半日で完成できたら，あとの半日は他の職務の遂
行にあてるか，もしほかにも受注があると判断されるなら，続けて生産を行い
在庫として蓄えておくことが考えられる。

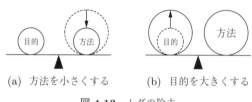

(a) 方法を小さくする   (b) 目的を大きくする

図 4.13 ムダの除去

4.5.3 ム   ラ

最後に，**ムラ**とは，図 4.11 (c) に示すように，生産現場においてムリとムダ
が混在している状態を指す。業務の分業により，工程ごとに異なる職務を作業
者が遂行する。すでに述べたように，各工程の職務に要する作業時間値を可能
な限り平準化し，工程編成の効率化を図る工夫をしても，実際にはさまざまな
制約条件により工程間の負荷のバラツキが生じてしまう。ライン生産の場合に
は，各工程を経て完成品や仕掛品となる。この場合，すでに図 4.5 に示したと
おり，工程間でムリやムダが生じてしまう。この状態をムラと呼び，工程間の
作業負荷のバランスをとる必要がある。

4.6   生産現場の効率化と管理のための IE 手法

4.6.1   生産工程の細分化と IE 手法

モノやサービスの生産現場では，そのプロセスを分業化していくつかの工程
で構成する場合が多い。それぞれの工程を設計する際，その工程で要求される
職務に対する技能や生産現場の物理的レイアウトの制約を受けることはすでに

述べた。また，各工程におけるムダを取り除くとともに，工程間の作業負荷の
バランスをとることで，生産の流れがスムーズになる。ここで，生産プロセス
の中の工程のムダを取り除くための手法について見てみよう。

　1900 年代前半の米国では，作業の分業化と大量生産が進んだ製造現場におい
て，主として作業のムダを省くために，**IE 手法**が積極的に導入された。この IE
には，**図 4.14** に示すように，作業の効率化を時間という指標で評価しようとす
る**時間研究**（time study）と**方法研究**（method study）の二つの流れがある[7]。

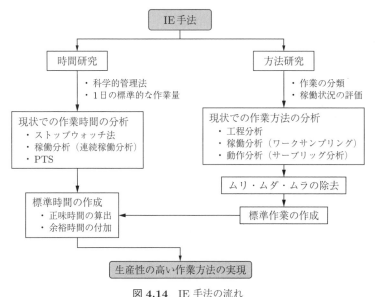

図 4.14　IE 手法の流れ

　時間研究は，テーラーの提唱した科学的管理法の考え方に基づき，「時間」の
尺度で生産効率を評価する方法で，ストップウォッチ法や PTS，稼働分析（連
続稼働分析）などがある。一方，方法研究は作業者の仕事の「方法」を尺度と
して生産効率を評価する方法で，工程分析や稼働分析（ワークサンプリング），
動作分析（サーブリッグ分析）がある。

4.6.2　職務の評価尺度と改善の指針

IE 手法で把握された職務内容は，以下の三つの尺度で評価される。

(1) 稼働

稼働（operation）とは，職務の遂行の際に行われる工程や作業，動作の各レベルにおいて**付加価値を生むもの**（少しでも完成品に近づけるもの）を指す。モノやサービスの生産の現場においては，可能な限り効率的にそのプロセスを進めることが課題となる。IE 手法では，主として加工のプロセスを稼働と評価する。

(2) 準稼働

準稼働（semi-operation）とは，それ自体は付加価値を生まないが，現状の職務の遂行方法ではせざるを得ないものを指す。以下の IE 手法の紹介において詳細を述べるが，準稼働の例として，作業者の移動や部品や仕掛品の運搬，仕掛品や完成品の検査，加工に用いる機械・設備の段取りなどのプロセスがある。

(3) 非稼働

非稼働（non-operation）とは，生産プロセスにおいて付加価値をまったく生まないプロセスである。工程間の負荷のアンバランスなどによって，前工程から作業が流れ来るまでに時間がかり，その間作業ができないという手待ちの状態などがある。

IE 手法を用いて，対象の職務を上述した (1)〜(3) の考え方に基づき稼働，準稼働，非稼働に分類し，現状分析を行う。ここで，生産の効率を向上させるためには，**図 4.15** に示すように，まず手待ちなどの「付加価値を生まない非稼働」を除去し，つぎに移動や運搬，検査，段取りなどの「付加価値は生まないが，現状ではせざるを得ない準稼働」を可能な限り除去し，現状の職務遂行方法の改善を行う。その結果ムダな作業が少なくなり，職務遂行に要する時間も短縮され，職務に占める稼働の割合が高まることとなる。

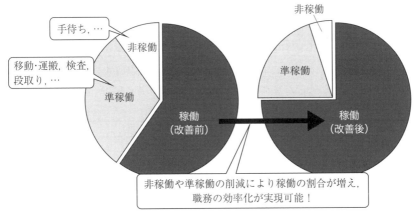

手待ち, …

移動·運搬, 検査,
段取り, …

非稼働

準稼働

稼働
(改善前)

非稼働

準稼働

稼働
(改善後)

非稼働や準稼働の削減により稼働の割合が増え,
職務の効率化が実現可能！

図 **4.15**　職務内容の改善の指針

4.6.3　IE 手法と分析対象

　用いる IE 手法ごとに，現状分析の対象となる作業者の動きが異なる。生産現場においては，作業者は工程単位で職務を遂行する場合が多い。工程内の作業者の動きは，「ベルトコンベアから流れてきた 2 種類の部品を取り上げる」，「部品と部品を組み合わせて，ねじ止めする」，「ベルトコンベア上に置いて，つぎの工程に流す」といった一連の**作業**で構成される。さらに，作業は「ベルトコンベア上に手を伸ばして 2 種類の部品をつかみ，手もとまで運んでくる…」といった細かい動きに分割できる。このような人間の身体部位の動きを**動作**と呼ぶ。

　以下に示す工程分析や稼働分析は作業を，サーブリッグ分析や PTS は動作を対象にした現状分析の手法である。

4.6.4　工 程 分 析

　工程分析は，分業化された業務を構成する各工程において，作業者がどのような作業を行っているのかを分析する手法である。工程分析においては，**表 4.1**に示すように，6 個の分析記号を用いる[8]。

　まず，**加工**は稼働に分類される。つぎに，**移動・運搬**，**貯蔵**，**数量検査**，**品質検査**は準稼働に分類される。最後に，**滞留**は非稼働に分類される。また，同

表 4.1 工程分析記号

作業の内容	記号	内　容	分類
加工	○	原材料や仕掛品を完成品に近づけること	稼働
移動・運搬	⇨	作業者の移動や，部品や仕掛品の運搬	準稼働
貯蔵	▽	原材料や仕掛品を計画的に蓄えること	
数量検査	□	原材料や仕掛品の数量をチェックすること	
品質検査	◇	原材料や仕掛品の品質をチェックすること	
滞留	D	原材料や仕掛品を無計画に蓄えること	非稼働
（複合記号の例）	⊡	加工しながら数量検査を行うこと	稼働
	⊖	加工しながら運搬すること	

時に2種類の作業を行う場合には，**複合記号**を用いる。組み合わされた二つの記号のうち，外側の記号が主作業となる。

　工程分析には作業者が部品や仕掛品にどのような作業をしたかを分析する**作業者工程分析（人型工程分析）**と，部品や仕掛品にどのような作業が加えられたかを分析する**製品工程分析（物型工程分析）**がある。

　なお，具体的な工程分析の活用方法については，章末問題【1】を参照していただきたい。

4.6.5　稼　働　分　析

　稼働分析とは，作業者や機械・設備がどのような作業を行っているかを分析する手法である。稼働分析は時間研究の一種で，ストップウォッチなどを用いて作業者の作業内容を記録していく方法であり，**連続稼働分析**と**ワークサンプリング**の二つの方法がある。この手法を用いることにより，作業時間の中でどのくらいの割合で稼働していたかを評価することができる。

(1) 連続稼働分析

　連続稼働分析は，**図 4.16** (a) に示すように，作業者の遂行する各作業の内容と開始時刻ならびに終了時刻を，観測者が直接記録するかビデオなどで録画し，その後作業内容を稼働，準稼働，非稼働に分類する。観測時間内の稼働時間が

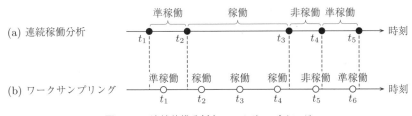

図 **4.16**　連続稼働分析とワークサンプリング

どのくらいの割合かを示す稼働率は，以下の式 (4.6) で求めることができる。

$$稼働率 = \frac{稼働時間の合計}{観測時間} \times 100 \quad 〔\%〕 \tag{4.6}$$

(2) ワークサンプリング

　連続稼働分析では，作業者の作業内容を連続して長時間記録する必要がある。一方，ワークサンプリングでは，統計的手法を用いて，連続稼働分析に近い精度を持つ稼働内容の把握が可能である（図 4.16 (b)）。ワークサンプリングは，**図 4.17** に示すように，母集団（作業者の実際の作業内容）から無作為（ランダム）に作業内容を標本集団として抜き取り，その結果をもとに母集団を推定する方法である。作業内容が繰り返し作業でない場合には等間隔で，繰り返し作業の場合には乱数表などを用いランダムな間隔で測定時刻を決定し，その時点での作業内容を記録する。稼働率は，式 (4.7) で求められる。

$$稼働率 = \frac{稼働回数}{観測回数} \times 100 \quad 〔\%〕 \tag{4.7}$$

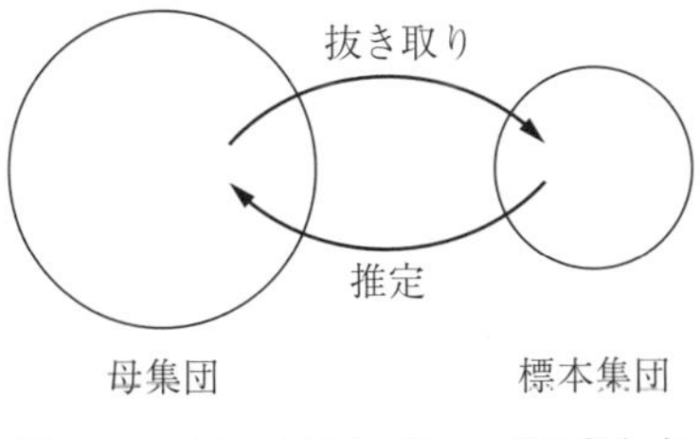

図 **4.17**　ワークサンプリングの考え方

　なお，具体的な稼働分析の活用方法については，章末問題【2】を参照していただきたい。

4.6.6 動作分析(サーブリッグ分析)

動作分析とは,人間の作業を**動作**(motion)レベルに分割し,その中にムダな動作があるかどうかをチェックする手法であり,方法研究の一つである。その中でも**ギルブレス**(Gilbreth, F.B.)が考案した**サーブリッグ**(Therblig)**分析**が生産現場の効率化に用いられてきた[9]。ギルブレスは,レンガ工場で見習いをしながらレンガ職人の仕事を観察し,動作レベルでの分析手法について検討した。その後,妻のリリアン(Gilbreth, L.E.)とともに,作業現場の効率化を請け負うコンサルティング業務に従事し,サーブリッグ分析が構築されていった。

サーブリッグ分析の英語の綴りである Therblig は,自身のファミリーネームである Gilbreth を逆に綴ったものである。サーブリッグ記号は人間の動作を,上肢動作を中心に 17 個の記号に分類している(**表 4.2**)。

表 4.2 サーブリッグ記号

分類	記号		動作
第1類	⌣	容器の断面	空手移動
	∩	U 磁石	つかむ
	⌣	容器の中に物が入っている	荷重移動
	⌒	容器を逆さにして物を出す	置く
	╫	井桁から 1 本外す	分離する
	♯	井桁	組み合わせる
	U	Use の頭文字	使う
第2類	9	手に把持した物を上から見る	位置決めする
	0	凸レンズ	調べる
	◉	目	探す
	→	目的物に対する矢印(視線)	選ぶ
	ℒ	頭に手を当てる	考える
	◊	ボーリングのピン	向きを変える
第3類	⨅	U 磁石に鉄板が付いている状態	保持する
	ℒ	人が椅子に腰かけている	休む
	⌐	人が寝ている	避けられる手待ち
	⌒	人が躓いている	避けられない手待ち

17 個のサーブリッグ記号は，第 1 類，第 2 類，第 3 類の動作に分類され，第 1 類は稼働，第 2 類は準稼働，第 3 類は非稼働に該当する。サーブリッグ分析を用いて作業を動作レベルに分解し，第 3 類の動作を排除し，第 2 類の動作も作業方法の変更などにより可能な限り取り除くことで，効率の良い作業方法に改善できる。

なお，具体的なサーブリッグ分析の活用方法については，章末問題【3】を参照していただきたい。

サーブリッグ分析が発表されて以降，さまざまな生産現場においてサーブリッグ分析を活用した改善事例が紹介され，動作経済の原則が作成された。そして，この原則が，生産現場における作業効率化のためのチェックリストとして使用されるようになった。また，改善事例の中には，これまでの手作業から，機械を使用した自動化への橋渡しとなるアイデアも多く見られた。また，サーブリッグ分析は，4.6.9 項で紹介する PTS の開発に貢献した。

4.6.7　標　準　時　間

工程分析，稼働分析，動作分析といった IE 手法は，モノづくりやサービスづくりの生産現場における現状の把握や，より効率的な生産方法のための改善の糸口として活用されている。これらの視点は，さらに，生産現場の管理指標の中の C（原価）の低減を目的としたものである。さらには，安定した D（納期）の確立にも活用できる。生産現場では，複数の作業者（人間）が同じ職務（仕事）を担当する場合が多い。このような場合には，作業者が異なると作業時間も異なり，受注に対する納期の見積もりができなくなってしまう。そこで，職務ごとに**標準時間**（standard time）を設定し，それをもとに生産計画を立てることで，安定した納期の確立が可能となる。

ここで，標準時間は以下のように定義[10]されている。

- 決められた作業方法と設備を用い，
- 決められた条件のもとで，
- その職務に対して要求される特定の熟練度を有した作業者が，

- 平常のペース（normal pace）で作業を行う場合の,
- 「1 単位の作業を完成するのに必要な時間」。

ここで,「決められた作業方法」においては, 先ほど述べた IE 手法を用い, ムリ・ムダ・ムラの除去された作業方法を用いる必要がある。標準時間の求め方には, 時間研究の一手法である**ストップウォッチ法**を用いる方法と PTS（既定時間標準）を用いる方法があり, それぞれについて以下に示す。

4.6.8 ストップウォッチ法を用いた標準時間の作成

(1) 正味時間の測定

上に示した標準時間の定義に基づき, ストップウォッチを用いて作業時間を 10 回程度測定する。測定回数は多いほうがよく, つぎに説明する異常値の除去のために, 10 回以上, 偶数回観測することが望ましい。

(2) 作業時間のバラツキと異常値の除去

標準作業に定められた方法に従って作業者（人間）が作業した場合でも, 各製品の品質や作業時間をまったく同一にすることは非常に難しい。言い換えれば, 人間の作業には必ず**バラツキ**が生じてしまう。このようなバラツキは原因を特定することが難しく, 偶発的に生じるもので管理上ゼロにすることは困難である。このようなバラツキを含めた作業の特性を示す値である**特性値**は, 分布として示され, 基準値内にあるかどうか判断される。一方, 偶発的に生じたバラツキではなく, ある特定の原因のために生じる特性値のバラツキのことを異常値と呼び, 管理上見逃せない原因として取り扱う。このように特性値のバラツキが偶発的なものか異常なものかを統計的に判断する手段として, 管理図（control chart）がある。管理図には, 長さや重さ, 時間などの**計量値**を対象とするものと, 不良率などの計数値を対象とするものがある。特に, 標準時間の作成時には, あらかじめ人間の作業の偶発的なバラツキの存在を認めた上で, 管理上見逃せない原因のために生じた異常値を取り除く必要があり, これを行うためには, 一般的に計量値を対象とした管理図の一つである$\bar{x}$-R **管理図**を用いる[11]。

　標準時間を作成するためには，まず正味時間を測定する必要がある。管理図は，いくつかのデータの集まりを群とし，群間での変動をもとに異常値を検出する方法である。よって，観測数は多いほうがよいが，5 個以上のデータの集まりが 2 群以上，つまり 10 個以上の時間値データがあれば，**図 4.18** に示すような $\bar{x}$-R 管理図を作成することができる。

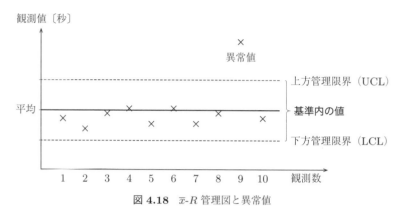

図 **4.18**　$\bar{x}$-R 管理図と異常値

　$\bar{x}$-R 管理図で用いる**上方管理限界**（upper control limit; **UCL**）と**下方管理限界**（lower control limit; **LCL**）の計算式は，以下の式 (4.8), (4.9) に示すとおりである。ただし，$\bar{\bar{x}}$ は各群のデータの平均の平均，$\overline{R}$ は各群のデータの範囲（最大値 − 最小値）の平均，A_2 は観測したデータを二つの群に分けたときの 1 群内のデータ数で決まる定数である。

$$上方管理限界 = \bar{\bar{x}} + A_2 \times \overline{R} \tag{4.8}$$

$$下方管理限界 = \bar{\bar{x}} - A_2 \times \overline{R} \tag{4.9}$$

(3) 標準時間の作成

　1 回当りの作業に要する時間値を**正味時間**という。1 日の労働時間の中で繰り返して作業を行う場合には，作業負荷に応じて疲労が生じる。よって，疲労を回復させるための時間が用意される必要がある。これを余裕時間と呼ぶ。し

たがって，長時間繰り返し行う作業には，作業負荷に応じた余裕時間を負荷した標準時間を用いる。以下に，**標準時間**の算出式を示す。

$$標準時間 = 正味時間 + 余裕時間 \tag{4.10}$$

$$= 正味時間 + 正味時間 \times 余裕率 \tag{4.11}$$

$$= 正味時間 \times (1 + 余裕率) \tag{4.12}$$

なお，具体的な標準時間の計算については，章末問題【4】を参照していただきたい。

4.6.9　PTS（既定時間標準）

1900 年代前半の生産現場では，工業製品の組立などの加工は，作業者の上肢作業に頼っていた。人間の上肢作業は，一般的に移動動作と終局動作の二つの動作の組み合わせで行われることは，2.2.2 項において説明した。サーブリッグ分析においては人間の上肢動作を中心に，その動作の内容を 3 種類に分け，第 3 類や第 2 類の動作を排除することにより作業の効率化を図るための評価指標として，生産現場において用いられた。

セガー（Segur, A.B.）は，ギルブレス夫妻が開発したサーブリッグ分析の考え方をもとに，同じ作業条件のもとでは作業者が異なっても上肢の動作時間はほぼ同じになることを実験的に証明し，1926 年に **MTA**（motion time analysis）を発表し，その後の PTS の開発の基礎を築いた[12]。**PTS**（predetermined time

---
┌─ コーヒーブレイク ─┐

1 ダースだと安くなる

サーブリッグ分析を考案したギルブレス夫妻には，12 人の子供がいた。彼らは，衣類を買う場合には，1 個単位で買うより 1 ダース（12 個）でまとめ買いすると割引があり，経済的であると主張している。このように，ギルブレス夫妻は経営活動のみならず，家庭内でも経済意識を取り入れていたのである。この内容は，1950 年に米国において『一ダースなら安くなる』（*Cheaper by the Dozen*）というタイトルで映画化されている。

standard）とは，日本語では**既定時間標準**と呼ばれ，ある決められた条件のも
とでの人間の動作時間のことを指す。セガーによる MTA の発表以降，多くの
研究者や実務者が実験によりデータを収集し，より正確な PTS が作成されて
いった。代表的な PTS には以下のようなものがある。

- **WF**（work factor）：**クイック**（Quick, J.H.）が 1945 年に発表
- **MTM**（methods time measurement）：**メイナード**（Maynard, H.B.）
  が 1948 年に発表
- **MODAPTS**（modular arrangement of predetermined time stan-dards）：**ハイド**（Heyde, G.C.）が 1966 年に発表

また，メイナード社により **MOST**（Maynard Operation Sequence Tech-nique）が発表されている[13]。

図 **4.19** に MODAPTS 基本図（MODAPTS 分析で用いる記号を示した図）
を示す。この図には全部で 21 個の動作記号が記載されている。上部の四角の
領域には，人間の上肢作業を構成する移動動作である五つの記号と，終局動作
である六つの記号が示されている（移動動作と終局動作という二つの動作に関
しては，2 章において詳細に説明した）。MODAPTS 分析においては，移動距
離に対して上肢を構成する身体部位である「指」「手」「前腕」「上腕」「肩」の
どの部位を使用するかで時間値を付加し，つかむ，置くといった終局動作につ
いては要求される難易度に応じて時間値が付加されている。そして，下部には，
その他の 10 種類の人間の動作が記載されている。

ここで，図 4.19 の記号について簡単に説明をしておく。

- **移動動作**
  M1：指を用いた約 2.5 cm の移動動作
  M2：手首から先の手を用いた約 5 cm の移動動作
  M3：肘から先の前腕を用いた約 15 cm の移動動作
  M4：肩から先の上腕を用いた約 30 cm の移動動作
  M5：伸ばし切った上肢を用いた約 45 cm の移動動作

MODAPTS 基本図

MOD_{ular} A_{rrangement} of P_{redetermined} T_{ime} S_{tandards}

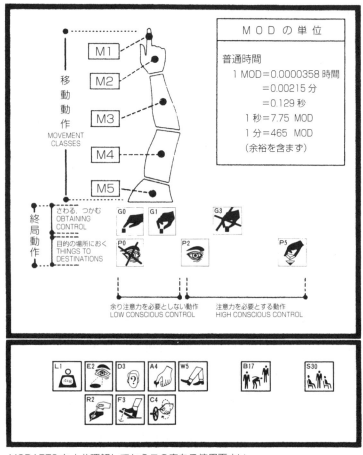

MODAPTS を十分理解してからこの表をご使用下さい.

日 本 モ ダ プ ツ 協 会

図 4.19　MODAPTS 基本図（日本モダプツ協会のご好意により掲載）

- 終局動作

  G0：触れる動作

  G1：あまり注意力を必要としないつかむ動作

  G3：注意力を必要とするつかむ動作

  P0：あまり注意力を必要としない置く動作

  P2：注意力を必要とし，1 回の位置決めで置く動作

  P5：注意力を必要とし，2 回の位置決めで置く動作

なお，MODAPTS の適切な使用には，日本モダプツ協会が開催する講習会を受けることが推奨されている。また，具体的な MODAPTS 分析の活用方法については，章末問題【5】を参照していただきたい。

4.7　作業環境の整備の考え方としての 5S

整然とした作業環境は，気分的にも爽快で労働意欲も高まる。そういった整然とした作業環境をつねに維持するために，**5S** という考え方がある。5S とは，整理（seiri），整頓（seiton），清掃（seisou），清潔（seiketsu），躾（shitsuke）の五つの S から始まる行為である。以下に 5S の概要について示す[14]。

- 整理：職務遂行に必要なものと不必要なものを区分し，不必要なものを取り除くこと
- 整頓：職務遂行に必要なものを，必要なときにすぐに取り出せるように決められた場所に配置しておくこと
- 清掃：職務を遂行する場所のゴミや汚れなどをきれいに掃除すること
- 清潔：職務を遂行する場所における整理，整頓，清掃の状態を維持すること
- 躾：上記の四つの S を維持するために，決められたことを守ることのできる習慣付けを行うこと

5S は，**図 4.20** に示すように 5 項目により構成される。整理・整頓・清掃は

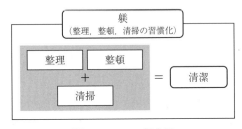

図 4.20 5S の概念図

生産現場を整然とした状態に保つための直接的な活動であるが，整然とした状態を恒常的に保つためには，清潔の意識を持ち，躾により整理・整頓・清掃活動を習慣化する必要がある。

章 末 問 題

【1】 カレーライスを作るプロセスを想定し，工程分析をしてみなさい。

【2】 あるオフィスにおける事務員の作業内容に関して連続稼働分析を行った結果，**表 4.3** のような結果を得た。この事務員の稼働率を求めなさい。

表 4.3 連続稼働分析の例

開始時刻	作業内容
9:15	エクセルで名簿の作成を行い，印刷する
9:35	プリントの打ち出しが終わるまで待つ
9:37	打ち出しを持って，コピー機まで移動する
9:38	コピー機を操作する
9:39	コピーが終了するまで待つ
9:44	コピーの落丁がないかチェックする
9:46	自分のデスクに戻る
9:47	作業終了

【3】 **図 4.21** に示すように，机の上にガラス製の水差しとガラス製のコップが置いてある。利き手でコップをつかんで水差しの上に乗せる作業をサーブリッグ分析しなさい。

【4】 ある作業を対象に，ストップウォッチを用いて以下のように作業時間値を 10 回測定した。異常値を除去し，余裕率を 5 % として標準時間を求めなさい。

（時間値）10，8，11，12，9，12，9，11，25，10〔秒〕

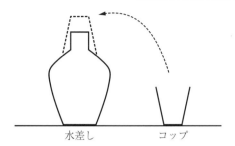

図 **4.21**　水差しとコップ

【**5**】　以下の (1)~(3) の作業を MODAPTS 分析しなさい。

(1) 片手を 30 cm 伸ばして机の上のボールペンをつかみ，15 cm 運んでノート
上の書きたい場所にペン先を置く。

(2) 片手を 15 cm 伸ばして机の上の画びょうをつかみ，45 cm 運んで壁の決め
られた場所に押し込む。

(3) 右手を 30 cm 伸ばして机の上のワッシャをつかみ，15 cm 運んで左手に
持っているボルトに挿入する。また，同時に左手を 30 cm 伸ばして机の上
のボルトをつかみ，15 cm 運んで手もとに置く。

5 | 個人と組織の行動とパフォーマンス

　人間は生活の場において，自らの人間機能を用いてさまざまに行動している。人間個人の行動のパフォーマンス（成果）は，行動能力のみならず本章において解説する意欲（モチベーション）に大きく依存する。また，われわれ人間は，地域社会や職場において複数の人間により集団や組織を構成し，役割分担のもと組織に共通の目的を達成すべく協働している。このように，複数の人間が組織を構成し，ある目的を達成するために協働することを組織行動と呼ぶ。そして，組織のパフォーマンスを高めるにはリーダーシップの役割が欠かせない。本章においては，図 5.1 に示すように，人間個人のモチベーションならびに組織の仕組みとリーダーシップを中心に解説する。

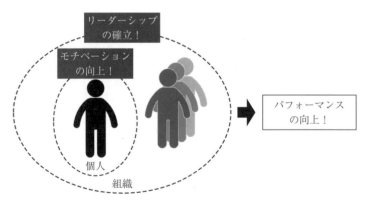

図 5.1　個人と組織のパフォーマンスの向上

5.1　組織の形成と人間の行動

　われわれ人間は，**社会的存在**（social being）と称されるように，地域社会や職場といった**組織**（organization）の中で，自分以外の人間とともにさまざまな活動を営んでいる。それでは，なぜ人間は組織を構成して活動するのであろうか？ 一人の人間が単独で達成できる目標は限られている。したがって，大きな目標を達成するためには，多種多様な知識や技能を集約し，多大な時間を費やす必要がある。そのため，効率の良い組織を作り上げるために，構成メンバーごとに役割を分担して，大きな目標を達成しようと試みるのである。このように，組織の中でメンバーごとに役割分担することを**分業化**と呼ぶ。特に会社組織における分業化は，これまで多種多様な技術を要する生産現場やサービスの提供の場に導入されてきた。

　分業化された組織において，それぞれの現場（すなわち工程）では必要な知識や技能を有する人間が欠かせない。よって，組織の規模に関係なく，目的を達成するために必要な知識や技能を持った人材（人的資源）を確保する必要がある。組織の中で必要な人材をより効率的に配置するための手順を**組織デザイン**と呼ぶ[1]。

　そもそも，組織は人間の集まり（集団）であり，成果は個々人の知識や技能といった能力に依存する。会社組織においては，業務の分業化により各作業者に異なる役割が振り分けられる。しかし，作業者は機械と異なり感情を持つ生き物であるため，心理的な状態により労働に対する積極的姿勢が変化する。この労働に対する積極的姿勢のことを**労働意欲**（**ワークモチベーション**）と呼ぶ。一般的に，労働に対する意欲が高いとパフォーマンスは高くなり，意欲が低くなるとパフォーマンスは低下する。ここで，人間がある目的を達成するために行動し，その結果がどの程度目標をクリアしたかの度合いが**パフォーマンス**（**成果**）であり，それにより効率化の度合いが評価される。また，組織には「達成す

べき目標」が掲げられているため，この目標を効率良く達成できるよう意識しながら，各作業者は与えられた役割を果たす必要がある。しかしながら，他の作業者の職務遂行の進捗度合いを把握し，自らの職務の遂行度合いをそれに合わせることは非常に困難なことであるため，組織全体を見渡して構成メンバー（作業者など）を組織の目標に向かって導くリーダーの存在が必要となる。この役割をリーダーシップと呼び，現在ではいかに良いリーダーを育成するかが大きな課題となっている。

以下では，組織形態と生産効率の向上の試みについて触れる。さらに，個人のパフォーマンスに影響を与えるモチベーションについて，そして組織の形態と組織のパフォーマンスに影響を与えるリーダーシップについて解説する。

5.2　組織デザインとその形態

組織の形態には，いくつかの典型的なものがある[2]。その中で，最も簡素な形式は**職能別組織**あるいは**機能別組織**と呼ばれる形態である。製造業やサービス業において提供する製品の品種が少ない場合には，この職能別組織でも対応可能である。しかし，提供する製品が多種にわたる場合には，**事業部制組織**の形態が経営上効率的である。

さらに，職能別組織と事業部制組織のメリットを組み合わせた**マトリックス組織**の形態が導入されることもある。

5.2.1　職能別組織（機能別組織）

製造業を例にとって，職能別組織の形態について見てみよう。製造業においては，すでに4章の図4.10に示したように，設計，調達，生産，販売といったプロセスで生産が進められる。それぞれのプロセスは部門と呼ばれる職能（機能）に分割され，各部門でその業務を担当する。このように，生産に直接関わる部門は**直接部門**と呼ばれる。**図5.2**に示すように，部門ごとに組織を構成し，それを経営トップがマネージメントする形態が職能別組織である。職能別組織

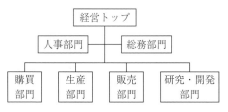

図 5.2 職能別組織の形態

を構成することにより，業務が部門ごとに専門化され効率的に進捗するというメリットがある。また，人事部門や総務部門などは直接部門の支援の役割を果たす部門であり，**間接部門**と呼ばれる。

　組織には，一般的に**ライン機能**と**スタッフ機能**という二つの機能が存在する。ライン機能とは，経営トップの持つ権限がその下部の部門に及ぶ指示・命令系統のことを指す。よって，各部門は経営トップの経営方針に従い業務を遂行することとなる。つぎに，スタッフ機能とは，人事や総務といった間接部門が，生産に直接関わる部門に対して人材や経費などに関する支援を行う機能である。したがって，ライン機能という縦の機能とスタッフ機能という横の機能がうまく働いて，効率的な組織運営が可能となる。

5.2.2　事業部制組織

　つぎに，事業部制組織について見てみよう。事業部制組織とは，経営の多角化などにより，一つの職能別組織では生産に対応できない場合などに用いられる組織形態であり，カンパニー制と呼ばれることもある。

　この事業部制組織では，**図 5.3** に示すように，用いる原材料や生産工程などが類似した製品ごとに事業部を立ち上げ，事業部ごとに職能別組織を組み込んでいく。この組織形態においては，各事業部の採算性が比較され，採算の低い事業部に関しては事業部自体の存続や取扱製品の見直しなどが行われ，会社組織全体の業績向上に繋がるような経営判断が下されることが多い。

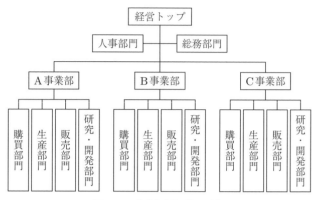

図 5.3 事業部制組織の形態

5.2.3 マトリックス組織

マトリックス組織は，職能別組織と事業部制組織の二つの形態を組み合わせたものである。**図 5.4** にマトリックス組織の例を示す。

この組織形態は，各事業部に職能別組織が置かれた各部門を横並びで管理するというものであり，各事業部の状況を比較しながら把握できるというメリットがある。購買部門を例にとると，異なる事業部間における原材料の調達方法の共通化を実施することなどが可能である。一方で，事業部制では各事業部主導で独自の生産方法を実施できるが，マトリックス組織では事業部間の横並びの管理のため，独自の生産方法が容易でないといったデメリットも挙げられる。

┌─── コーヒーブレイク ───

大学の学部組織はどんな組織形態なのか？

民間企業ではないが，大学も学校法人と呼ばれる経営組織である。総合大学の場合には，複数の学部が設置されている。これは，大学における各学部の専門性が高く，一つの学部では学問分野が多岐にわたってしまい，カリキュラムの編成が困難になるためである。よって，各学部を事業部と考えると，大学の教育・研究組織は事業部制組織に相当することとなる。時代のニーズに対応すべく，事業部制組織の特性を生かし，学部改編が行われることが度々ある。

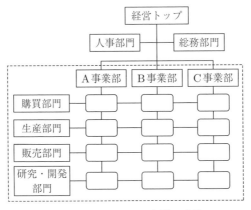

図 **5.4**　マトリックス組織の形態

　以上のように，組織には三つの典型的な形態がある。労働者はこのような組織の中で，分業化された職務を，他の労働者と協働しながら組織の掲げる目的を達成すべく職務を遂行していく。

5.3　生産効率の向上の試み

5.3.1　科学的管理法に基づく経営管理

　1900 年代前半，大量生産方式の進んだ生産現場においては，テーラーの提唱した科学的管理法に基づく経営管理法が広く浸透していった[3]。この科学的管理法により，時間研究を用いて作業者がなすべき 1 日の標準的な仕事量が設定され，安定した生産量の確保が実現した。また，ギルブレスにより考案された方法研究の一つであるサーブリッグ分析を用いることにより，作業レベルでのムダの排除も徹底され，生産現場の効率化が実現した。

　1924 年，**ウェスタンエレクトリック社**において，生産現場におけるさらなる生産効率の向上を模索するための実験が実施された。その分析にはハーバード大学の研究者たちも参加した。これが，これまでの経営管理の概念を大きく変貌させることになる**ホーソン工場実験**である[4]。この実験の仮説は，「照明などの作業環境は，作業者のパフォーマンスに大きな影響を与える。そのため，照

明環境を改善すれば，生産効率も向上する」というものであった。しかし，仮説は証明できないまま，1932 年までに四つの実験が次々と実施され，最終的には「作業者の生産性は作業者の感情に大きな影響を受ける」という結論に至った。つまり，作業者の感情の状態により労働意欲が変化し，たとえ作業環境が悪いとしても，感情状態が良ければ生産効率は向上するというものであった。テーラーは，科学的管理法の中で，出来高制を用いることにより労働意欲を上げることができると考えたが，じつは感情状態をうまくコントロールしないと生産効率の向上には繋がらないということが，この実験で証明されたことになる。それでは，以下にホーソン工場実験の詳細を紹介する。

5.3.2　ホーソン工場実験の概要

　ホーソン工場実験は，1924 年から 1932 年まで米国イリノイ州のシカゴ郊外にあるウェスタンエレクトリック社ホーソン工場で実施された。この実験は，当初「物理的環境条件と生産性」との関連を検証するためのものであったが，実験が進行するのに伴い，生産性を高める要因に関する新たな仮説が提起され，従来の経営管理の考え方に大きな影響を与えることとなる。

　ホーソン工場実験は，照明実験，リレー（継電器）組立実験，面接実験，バンク配線実験の四つの実験で構成された。また，実験の実施と分析に当たっては，ハーバード大学の**メイヨー**（Mayo, E.）や**レスリスバーガー**（Roethlisberger, F.）らが参加した。

5.3.3　四 つ の 実 験

以下に，ホーソン工場実験を構成する四つの実験の概要について説明する。

(1) 照明実験（1924～1927 年）

　まず，**照明実験**は「照明の質と量が生産効率に大きな影響を与える」という仮説を実験的に検証しようとする試みであった。実験の対象となったのは，検査，リレー組立，コイル巻きの 3 工程であった。

　実験結果から，レスリスバーガーらは「照明の質と量は確かに作業者の生産性に影響を与えるが，そのほかにもっと大きな影響要因がある」と結論付けた。これにより，他の要因として，休憩や労働時間といった労働条件によって生じる疲労要因が取り上げられ，リレー組立実験が実施されることになった。

(2) リレー組立実験（1927～1932 年）

リレー組立実験は，工場の一角の，他の作業者から隔離されたテストルームの中で実施された。また，実験に参加したのは女性作業者 5 名であり，作業内容は電話の交換機用リレーの組立で，実験は 13 期 104 週という長期にわたった。

　さらに，**図 5.5** に示すように，結果は照明実験と同様に「休憩や労働時間といった労働条件に影響を受ける疲労要因と生産効率には明確な相関はない」と結論付けられるものであった。さらに，詳細に記録された作業者たちの状況から，「彼女らの感情が生産効率に大きな影響を与える」という結論が出されたのであった。

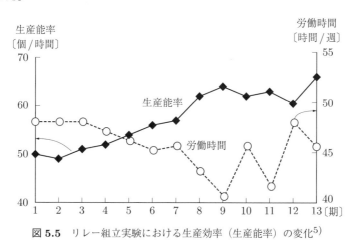

図 5.5　リレー組立実験における生産効率（生産能率）の変化[5]

　なお，実験結果の詳細に関しては，國澤英雄著『勤労意欲の科学 ― 活力と生産性の高い職場の実現』（成文堂）第 2 部第 1 章に詳細が記述されているので，参照していただきたい[5]。

(3) 面接実験 (1928~1930年)

リレー組立実験により得られた「人間の生産性は感情に大きな影響を受ける」という結果に基づき，直接従業員から会社に関する意見を聞き取ることを目的とした**面接実験**が実施された。面接対象は3年間で2万人を超す大規模なものであった。会社の福利厚生制度から職場の環境に至るまで，また職場の人間関係などに対して満足あるいは不満足の指摘が多く出された。しかしながら，これらの意見からは具体的な「従業員の感情を良く保つための方策」は見出せなかった。ただ，感情という面では，従業員が普段抱えている不満をだれかに聞いてもらうことで，やがてその不満が消えていくという事実は把握できたようである。

(4) バンク配線実験 (1931~1932年)

ホーソン工場実験における最後の実験である**バンク配線実験**は，これまでの実験結果を踏まえ，「職場の人間関係が作業者の感情を左右し，生産効率に大きな影響を与える」という仮説のもとで実施された。バンクとは電話交換機の端子のことで，配線工程，ハンダ工程，検査工程の三つの工程からなる生産現場が対象となった。三つの工程において，検査工程の作業者は，他の工程の作業者に比べて作業経験が多く，職位も高かった。したがって，検査工程の作業者が配線工程やハンダ工程の作業者に対して作業内容についてのクレームを付けるなど，スムーズな作業工程の流れを乱す場面が多く見られた。また，この実験においては，賃金は各作業者の出来高で決まるのではなく，実験に参加した14名の平均出来高で決定されるという集団請負制によって決められたため，他人任せな作業者も見られた。

本来，バンク配線作業においては，配線工程，ハンダ工程，検査工程という三つの工程において，決められた手順で作業が行われるよう定められている。このように，会社組織において定められた作業手順に従って職務を遂行することが要求されている組織を，**公式組織** (formal organization) と呼ぶ。一方で，工程間の職位の違いや構成メンバーの人間関係により，各工程の作業者間で新たな関係性が生じる場合がある。このような関係性を**非公式組織** (informal organization) と呼ぶ。この実験では，この非公式組織の存在が生産効率に大きな影響を与え

るという考察がなされ，経営側はこの非公式組織の存在をつねに把握し，うまくコントロールする必要があることが認識されたのである。

以上，ホーソン工場実験について説明した。当初この実験は，作業者を取り巻く作業環境を整備することにより生産効率が向上するという仮説のもとに開始されたものであるが，徐々に人間の感情というものが生産効率により大きな影響を与えるという仮説に転換していった。この実験以降，これまでの科学的管理法に基づく経営管理から，人間の心理的側面に注目して，より職務に対して積極的な状況が生まれるような職務環境づくりが必要であるという認知が高まっていったのである。

なお，ハーバードビジネススクールのウェブページ "The Hawthorne Plant" (`https://www.library.hbs.edu/hc/hawthorne/01.html#one`)には，ホーソン工場実験に関する当時の実験風景や実験結果に関する資料が掲載されているので，ぜひ閲覧していただきたい。

5.4 人間の行動と動機付け

ホーソン工場実験以降，従業員の心理的状態と職務に対する取り組みの度合いとの関連性について，さまざまな視点で研究が進められた。これらの研究の中で，与えられた職務を積極的に遂行するという心理状況を作り出す原動力として，**動機付け（モチベーション）**が重要であるとの指摘がなされ，どのようにすれば従業員のモチベーションを向上させることができるかが議論され始めた。

5.4.1 内発的動機付けと外発的動機付け

人間がなにかの目的を達成するために行動を起こす原動力が動機付けである。**図 5.6** に示すように，この動機付けは大きく分けて二つある。一つは人間の内部から生じる欲求によって動機付けされる**内発的動機付け**であり，もう一つは第三者や外的要因により動機付けされる**外発的動機付け**である[6]。

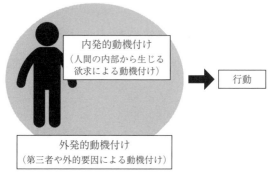

図 **5.6**　内発的動機付けと外発的動機付け

(1) 内発的動機付け

内発的動機付けとは，表記のとおり人間の個体内から生じる要因による動機付けのことである。人間の個体内から生じる要因とは，次項で詳しく述べる**欲求**（needs）のことである。例えば「おなかが減ったので食事をする」（生理的欲求によるもの），「交通事故にあわないように左右を確認してから道路を渡る」（安全欲求によるもの）などがある。また，達成が困難な職務に対して，「達成することにより得られる経験が自らの成長に繋がると考え，自ら進んでチャレンジする」（承認欲求によるもの）などもその一例である。

(2) 外発的動機付け

外発的動機付けとは，第三者や外的要因による動機付けのことである。

第三者からの動機付けは，職場の上司など権限（パワー）を持った人間による，職務上の命令などである。これは，上司の命令に従わないと職場における立場が悪くなると考えることで，その命令に従い，行動に至る場合が多い。つまり，上司の命令が原因となり，安全欲求が生じて動機付けが行われるという例である。つぎに，外的要因による動機付けとして挙げられるのが，報酬や昇進といった**誘因（インセンティブ）**と呼ばれるものである。ある職務を遂行し成果を挙げることで，報酬が得られたり昇進がかなうことは，承認欲求を生むことになる。また，規則や慣習（明文化されていないが，これまで当然のように行われてきたこと）も，上司の命令と同様に，外発的動機付けの要因である。

5.4.2　欲求の5段階説

マズロー（Maslow, A.）は，1954年に発刊した著書『人間性の心理学 — モチベーションとパーソナリティ』（*Motivation and Personality*）において，人間の欲求を，階層性を持つ五つの欲求に分類し，**欲求の5段階説**を発表した。

図**5.7**に欲求の5段階説のモデル図を示す。このモデルにおいて，縦軸は誕生から死に至るまでの時間軸を示す。図から，生まれてすぐに生理的欲求が生じ，年齢を重ねるとともに安全欲求，社会的欲求，承認欲求，そして自己実現の欲求が生じることがわかる。

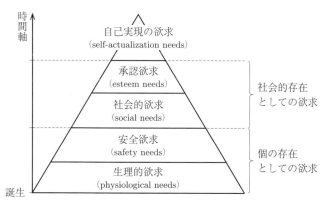

図**5.7**　欲求の5段階説

以下に，五つの欲求についてその概要を説明する。

● **生理的欲求**

まず，**生理的欲求**とは，生まれてすぐに生じる欲求であり，生命を維持するために必要な行動を欲することである。例えば，摂食や排泄，睡眠に対する欲求などがある。生まれてまもない赤ちゃんも，お腹がすけば泣いてなにか食べたいという欲求を表現する。

● **安全欲求**

つぎに，**安全欲求**は，危険や病気など自分にとってあまり好ましくない状態から避けたいという欲求である。物心がつく頃になると，いままで道路に飛び出していた幼児も，車にひかれないように左右を確認する

ようになる。また，経済的に安定した職を求めることも，安全欲求の一つである。以上，生理的欲求と安全欲求は，個の存在としての欲求として取り扱われる。

- 社会的欲求

　社会的欲求は上の二つの欲求とは異なり，人間を社会的存在として捉え，人間組織の中で生じる欲求のことを指す。この欲求は，所属と愛情の欲求とも呼ばれ，人間組織の中で他の人々と良い人間関係を作り上げたり，他者によく思われたりしたいという欲求である。

- 承認欲求

　さらに，同じ人間組織の中で月日を重ねていくと，経験や職位の違いなどにより上下関係が生まれる。このような場合には，上司は部下に優れた職業人として，尊敬の眼差しで見てもらいたいという承認欲求が生まれる。この承認欲求は，社会的欲求と同様に人間を社会的存在として捉えたもので，自尊の欲求とも呼ばれる。

- 自己実現の欲求

　最後に，自己実現の欲求とは，自分自身の成長を望み，自分の思う理想像に近づきたいという願望欲求であるとされている。しかしながら，この自己実現の欲求に関しては，すべての人間が欲求として認識するかは疑問であり，このような願望欲求を持ち自己実現に向けて行動する人間は少ないという指摘もある。

　以上，マズローの欲求の5段階説の概要を説明した。この理論は，あとに続くモチベーション研究の基礎となる欲求モデルとなった。特に，マグレガーのX理論-Y理論には大きな影響を与えている。

　また，アルダーファー（Alderfer, C.P.）は，マズローの欲求の5段階説を改変し，生理的欲求と安全欲求を合わせて生存の欲求（existence needs），社会的欲求と承認欲求を合わせて関係の欲求（relation needs），そして自己実現の欲求を成長の欲求（growth needs）と命名し，それぞれの頭文字を取ってERG理論を発表している[7]。

そのほかに，**マクレランド**（McClelland, D.C.）の欲求理論がある。マクレランドは，**達成欲求，権力欲求，親和欲求**の三つの欲求を取り上げている[8]。まず，達成欲求とは「これまでの基準よりもさらに高度な職務を達成したい」という欲求，権力欲求とは「権力を持って他者に影響力を与え，行動を促す力を持ちたい」という欲求，親和欲求とは「友好的で密接な対人関係を結びたい」という欲求であるとしている。マズローやアルダーファーの欲求理論と比較すると，権力欲求が含まれているところが少し異なる。

5.5　モチベーション理論

前節では，人間の行動の原動力となる動機付け，さらに動機付けの起因となる欲求について説明した。1900 年代の半ば以降，米国を中心に組織心理学や組織行動学に携わる多くの研究者や実務家によって，人間の労働に対する意識とその動機付けの方策についての理論が次々と発表された[9]。ここでは，その代表的な理論を紹介することとする。

5.5.1　X理論 –Y理論

まず，**マグレガー**（McGregor, D.）の 1960 年発刊の著書である『企業の人間的側面 — 統合と自己統制による経営』（*The Human Side of Enterprise*）に記された **X 理論 –Y 理論**について見てみよう。1911 年にテーラーの『科学的管理法』（*The Principles of Scientific Management*）が発刊されて以降，生産現場では，「1 日の標準的仕事量」を科学的に設定したり，能率給によりモチベーションを向上させたりするなどの方法で労働力の管理が行われてきた。しかし，1924 年に始まったホーソン工場実験以降，科学的な管理のみでは労働者の生産効率は上がらず，労働者の感情を良い状態に保つことが重要であると考えられるようになった。マグレガーは，先に説明したマズローの欲求の 5 段階説をもとにして，従来の人間の労働に対する意識と行動についての見解（X 理論）をもとに，人的資源の管理方法について新しい見解（Y 理論）を示した。

(1) X理論

まず，従来の人材管理の主流であったX理論においては，以下に示すように，労働に対する人間の意識は非常に消極的なものとして捉えられていた。

- 人間は，本来的に働くことが嫌いであり，できれば働くことを避けようとしている
- 人間は，指揮・命令されたり，管理されないと，職務における目標達成のための行動をとらない
- 人間は，職務遂行において公式の指揮・命令を求め，結果に対する責任から逃れようとする
- 人間は，職務の遂行において危険を冒して困難な職務にチャレンジしようとはしない

以上のような人間の労働に対する意識が生じるのは，欲求の5段階説において生理的欲求や安全欲求といった低位の欲求が優位な場合であり，このような場合には，しっかりした指揮・命令系統による管理が必要になる。

(2) Y理論

一方で，マグレガーは労働者にとって社会的欲求や承認欲求といった高位の欲求が優位な場合には，やりがいがあり興味の持てる職務を与えれば，以下のように意識の変化が生じると指摘している。

- 人間は，働くことを遊びと同じように楽しいものと感じている
- 人間は，指揮・命令や管理をされなくても，職務における目標達成のための行動をとる
- 人間は，自ら進んで職務を遂行し，その結果に対しても責任をとろうとする
- 人間は，困難な職務に対して危険を冒してでも自らチャレンジしようとし，それを達成しようと努力する

このY理論は，人間の労働に対する意識を理想的なものとして捉える。職場でこのような状態が実現できれば，X理論における指揮・命令による管理ではなく，従業員の職務に対する取り組みの自由度である**裁量性**を持たせた管理が

可能となる。いずれにしても，労働者の職務に対する意識のレベルに合わせて
この二つの理論を使い分けていく必要がある。

5.5.2 成 熟 理 論

つぎに，**アージリス**（Argyris, C.）の**成熟（マチュリティ）理論**を紹介する。
アージリスは，3章における組織学習の概念の提唱者である。彼は，1961年に発
刊された『組織とパーソナリティー ── システムと個人との葛藤』（*Personality
and Organization ── The conflict between system and the individual*）に
おいて成熟理論を発表した。その内容は，以下のように人間の成長過程を例に
挙げながら，その過程に応じた管理を行うことで，労働者のより良いモチベー
ション管理が可能になることを示唆した。

- 受け身の状態から，能動的な状態に変化する
- 他者に依存する状態から，独立した状態に変化する
- 限られた行動しかできない状態から，状況に合わせた多様な行動ができ
  る状態になる
- ある特定の事柄に長時間興味を持てない状態から，長時間興味を持つこ
  とができる状態になる
- 短期的な展望しか持てない状態から，長期的な展望が持てるようになる
- 他者に対する従属的な状態から，同等あるいは上位の状態を望むように
  なる
- 自己の意識が希薄な状態から，自我の意識を持ち自己統制できる状態に
  なる

アージリスは，伝統的な経営管理で行われている分業化による職務の専門家
や指揮・命令系統を用いた管理が，職場の中における人間の成長を妨げている
と指摘している。このような観点から，労働者のモチベーションを高めるには，
職務を一つの専門に留めるのではなく，成長に合わせて幅広い専門性を要する
職務を担当するといった**職務拡大**（job enlargement）が有効であると指摘して
いる。

5.5.3 二要因理論

ハーズバーグ（Herzberg, F.）は，**二要因理論**に基づき人間のモチベーション
を二つの特性から説明している[10]。この理論は，1959 年にピッツバーグ心理学
研究所で実施された，エンジニアと経理担当事務員を対象とした調査に基づく
ものである。調査の内容は，「仕事をする上でどんなことに不満を感じたか？」
「仕事をする上でどんなことに満足を感じたか？」であった。

(1) 衛生要因

衛生要因は，仕事をする上で感じた不満に対する回答から得られた見解に
基づいている。衛生という言葉は「心身を健康な状態に保つこと」という意味
を持っており，職場において不満を感じる要因が多く存在すると，従業員の
衛生状態が低下し，その結果モチベーションも低下してしまうというもので
ある。従業員の衛生状態を良い状態に管理することでモチベーションが維持
できるという観点から，**維持要因**とも呼ばれる。その具体的な内容としては，
会社の経営方針，管理監督の方法，給与，上司との人間関係，作業条件などが
ある。

(2) 動機付け要因

一方，**動機付け要因**は，仕事をする上で感じた満足から得られた見解に基づ
くものである。動機付けされることで仕事に対する意欲も増すと考えられるこ
とから，**意欲要因**とも呼ばれる。具体的には，仕事の達成やそれに対する承認，
仕事に内容があること，権限の委譲，昇進などがある。

以上のように，ハーズバーグは従業員のモチベーション特性を仕事に対する
満足・不満足の二つの視点から検討した結果，モチベーション向上には動機付け
要因を検討することが有効であると結論付けた。また，人間は仕事を通して精
神的成長を遂げるという観点から，職務内容を充実させることによりモチベー
ションが向上するとも指摘している。

5.5.4　職務拡大と職務充実

モチベーション理論の紹介の最後に，**職務拡大**（job enlargement）と**職務充実**（job enrichment）の考え方について説明する[11]。

(1) 職務拡大

職務拡大は，アージリスが提唱したモチベーション向上のための考え方である。これは，分業化された職務を遂行するという専門性の限られた状態から，幅広く職務を担当することで専門性が広がり，その結果仕事に関する関心や意欲が高まるという考え方であり，職務の水平的展開である。一つの工程での単純繰り返し作業ではなく，いくつかの工程を組み合わせて自分の裁量で製品を完成させるという**セル生産**は，この考え方が生かされた生産方式であるといえる。

(2) 職務充実

職務充実は，ハーズバーグの提唱したモチベーション向上のための考え方である。これは，ある特定の職務において，自らの経験や知識を蓄積していくことにより成長が促され，職務に対する興味が深まるという考え方である。職場における経験が浅い場合には，手順書や上司の指示に従い職務を遂行するが，職務に関する知識や経験を習得することにより職務全体の管理が可能となり，上司からの職務に対する権限委譲が可能になるという考え方であり，職務の垂直的展開である。

5.6　組織行動におけるリーダーシップの重要性

われわれは，自分以外の複数の人間とチームを組み，ある目標を達成するために協働しながら行動する場合が多い。個々の人間が単独で職務の遂行を行う場合には，自分自身の職務能力や，先に述べた労働意欲（ワークモチベーション）の状態により，そのパフォーマンスが変化する。しかしながら，チームで行動する場合には，他者との協働作業，つまり職務の役割分担が生じるため，チー

ムワークが悪くなると，組織としてのパフォーマンスが低下してしまう。そこで，「組織を一つにまとめ，目標に向かってチームのメンバーをまとめて動かす力」が必要となってくる。これが**リーダーシップ**（leader ship）と呼ばれるものである。

ストッジル（Stodgill, R.M.）は，リーダーシップを「集団目標の達成に向けてなされる集団の諸活動に影響を与える過程」[12]と定義した。また，「リーダーはある特定の個人に限定されず，メンバーのだれでもリーダーシップを発揮することができる」と主張した。リーダーシップは，受け手のメンバーの受容がなければ成立しないことから，リーダーと他のチームメンバーとの間のコミュニケーションが重要であるとされている。

リーダーシップ研究の背景として，米国においては 1900 年代の後半から「優れたリーダー像とはどのようなものなのか？」，また「優れたリーダーを作り出すためにはどのようにすればよいのか？」というリサーチクエスチョンのもと，リーダーシップ研究がさまざまな視点より行われた。以下に，リーダーシップ研究のアプローチとその代表的な理論を紹介する。

5.6.1　リーダーシップ研究のアプローチ

(1) 特性理論に基づくアプローチ

リーダーシップ研究の初期においては，**特性理論**に基づくアプローチがとられた[13]。これは，優れたリーダーと見なされる人物の能力や性格，風貌などを分析し，それらを真似ることで優れたリーダーになることができるというものである。過去の偉人を見習うなどがこれに当てはまる。しかし，当然ながら偉人の真似をすることは困難であり，成功時の外部環境も異なることから，このようなアプローチには疑問が投げかけられた。

(2) 行動理論に基づくアプローチ

特性理論に代わって用いられたのが，**行動理論**に基づくアプローチである。これは，優れたリーダーの特性を真似るのではなく，リーダーの振る舞い，つまり行動を真似るというアプローチである。つまり，リーダーの特性について

検討するのではなく，リーダーシップ行動がどのように現れるかを検討するアプローチである。

5.6.2 代表的なリーダーシップ理論

(1) ミシガン大学の研究

1960 年代に入ると，行動理論アプローチによるリーダーシップ研究が本格的に行われるようになった。その一つが，**リッカート**（Likert, R.）が中心となって行った**ミシガン大学の研究**である[14]。この研究では，生命保険会社の管理者を対象にして，高業績集団（高い業績を生み出す集団）と低業績集団（低い業績しか生み出さない集団）のリーダーシップ行動について比較検討が行われた。その結果，以下に示す二つのタイプのリーダーシップが確認された。

- **従業員中心型**

  高業績集団のリーダーは「仕事に対しては大まかで，部下に対しておおらかな態度をとる」といった**従業員中心型**（employee-centered）のリーダーシップ行動をとる傾向がある。これに対して，部下（メンバー）はリーダーに対して良い感情を抱く。

- **仕事中心型**

  一方で，低業績集団のリーダーは「仕事に対して細かな指示を出し，部下に対して厳しい態度をとる」といった**仕事中心型**（job-centered）の行動をとる傾向がある。これに対して，部下（メンバー）はリーダーに対

┌─ コーヒーブレイク ─

リーダーシップ研究の活用の場

いまでは，人的資源管理にはリーダーシップ理論は必須のものとなっている。リーダーシップ研究は，特性理論に始まり，行動理論によりその体系化が定着した経緯がある。それでは，行動理論に基づくリーダーシップ理論はどのような場で活用されたのであろうか？　オハイオ州立大学で作成された LBDQ を例にとってみると，ハイウェイパトロール隊や空軍など，強い力を持つ組織のリーダーシップを対象に活用が進められた[15]。

してあまり良い感情は抱かない。

このミシガン大学の研究では，リーダーは従業員中心型か仕事中心型のどちらか一方の行動をとる傾向があるとしている。

(2) オハイオ州立大学の研究

つぎに，ミシガン大学の研究と時期を同じくして行われた**オハイオ州立大学の研究**について見てみよう[16)]。この研究では，100 の質問項目にまとめられたリーダーの行動様式を測定する質問紙 **LBDQ**（leader behavior describe questionnaire）が作成された[17)]。この質問紙では，リーダーシップ行動が，以下の 12 因子に集約されている。

- グループの代表
- 問題解決
- 不確実さへの寛容
- 説得力
- 仕事の構造化
- 自由裁量の容認

- 役割の割り振り
- 配慮
- 労働の強化
- 予測の正確さ
- 組織の統合
- 上司との関係性

オハイオ州立大学の研究において，リーダーシップ行動を大きく規定するものとして**配慮の行動**（consideration）と**構造づくり**（initiating structure）の二つの要因が，最終的に取り上げられた。これはミシガン大学の研究と同様に，仕事の管理に重きを置くか，部下との人間関係に重きを置くかという点では共通の解釈がなされている。

一方で，ミシガン大学の研究と異なる点は，**図 5.8** に示すように，リーダー

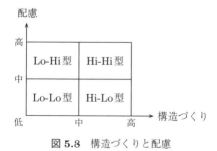

図 5.8 構造づくりと配慮

シップ行動を構造づくりと配慮の2軸で捉え，各行動の頻度の高低でグリッド
に分割して，リーダーの特性を把握しようとしたところである。

　三隅は **P-M 理論**の中で，業績の達成度合いである P（performance）と集
団の維持状態の M（maintenance）の2軸についてその高低をもとにグリッド
化し，リーダーシップ特性とパフォーマンスの評価を行っている[18]。

　以上，行動特性理論に基づくリーダーシップ研究とその概要について説明し
た。これらの研究成果は1960年頃のものであるが，現在でもリーダーシップ
研究の基礎として参照されている。

　詳細については本書では触れないが，紹介したリーダーシップ理論のほかに
も，状況対応型リーダーシップ，変革型リーダーシップ，カリスマ型リーダー
シップなど，異なる視点によるリーダーシップ理論が登場している。

章　末　問　題

【1】　ホーソン工場実験がそれまでの経営管理に与えた影響についてまとめなさい。
【2】　職務拡大と職務充実の二つの考え方がモチベーション管理に与える影響につい
　　　て説明しなさい。
【3】　リーダーとマネージャーの役割の違いについてあなたの考えを述べなさい。

6 ┃ 人間機能の多様性と能力の支援

　人間は，日々さまざまな行為を繰り返して日常生活を営んでいる。日常生活の場は，自宅や地域・職場など多岐にわたり，活動の場が異なるとその場に必要な行為も異なる。**図 6.1** に示すように，加齢や疾病などによる機能低下によりこれらの行為に支障が生じ，その結果として能力の低下（いわゆる障害）が生じてしまう。このような際に，低下した機能を補助・代替するための手段を用いることにより，行為を可能にすることができる場合がある。そこで，本章においては，人間の機能の多様性について解説するとともに，低下した機能を補助・代替する方法について紹介する。

人間の機能

低下の原因
・加齢（aging）
・疾病
・日内変動
・……

図 6.1　人間機能の多様性とその原因

6.1　人間の機能の多様性

　人間の機能には，2章で述べたように，感覚機能，知覚・認知機能，運動機能の三つがある。これらの機能は人間が家庭や地域，職場といった場所で生活を営むのに欠かせないものである。しかし，人間の機能は年を重ねていくと一部の機能を除いて低下していくものが多い。また，先天的あるいは後天的な疾病のために機能が低下してしまう。さらには，異なる個人間では機能の程度が異なるのは当然であるが，同じ個人であっても1日の中で機能が変化する。このように人間の機能はつねに変化し，**多様性**（diversity）を示す。そこで，まず人間機能の多様性の具体的な特徴とその把握のための方法について解説する。

6.2　加齢による機能の変化

　人間の機能・能力は年齢とともに変化する。このように，人間の機能や能力に変化を与える大きな要因である年齢の変化を**加齢**（aging）と呼ぶ。そこで，加齢により人間機能がどのように変化するのか，また，その変化をどのように把握するのかを概観していく。

6.2.1　流動性変化と結晶性変化
　人間の機能は加齢とともに変化するが，変化の仕方としては，大きく分けて流動性変化と結晶性変化の二つの特徴が見られる。

(1)　流動性変化
　流動性変化とは，加齢の過程において主として青年期にピークを迎え，その後は徐々に低下してしまう変化である。これは，脳の神経生理学的なものに起因し，感覚機能であれば聴覚機能の中の可聴域，知覚・認知機能であれば記憶機能，運動機能であれば反応行動機能などが顕著な例として挙げられる[1]。

　図 6.2 に加齢と可聴域との関係を示す。これによると，加齢とともに高い周波数の音が聞こえにくくなることがわかる。また，男女という性差による変化の特性の違いも読み取れる。

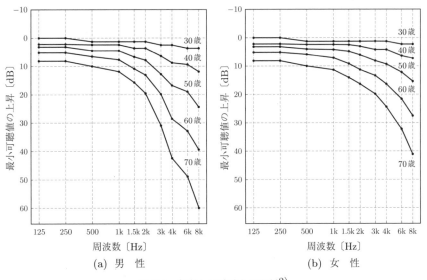

図 6.2　加齢と可聴域との関係[2)]

(2) 結晶性変化

　結晶性変化とは，加齢の過程において高齢期に至るまで継続して蓄積されていく変化である。これは，流動性変化とは異なり，経験（experience）から得られる知識などの蓄積によるものである。その例として，知覚・認知機能における知識ベースの認知処理，いわゆる問題解決能力などを挙げることができる。

6.2.2　加齢による変化の把握方法

　上述したような加齢による変化を把握するためには，実際に対象とする**年齢群**の人間集団を対象に実験や調査を実施し，検討したい機能の特性値を把握する必要がある。その場合に用いる調査方法として，**図 6.3** に示すように，縦断的調査法と横断的調査法がある[3)]。以下に両者の違いについて説明する。

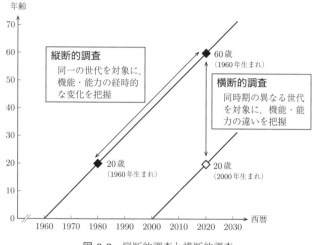

図 6.3 縦断的調査と横断的調査

(1) 縦断的調査とは

縦断的調査法（longitudinal survey）は，同じ世代（年齢群）の人間を対象に経時的に機能の変化を追跡していく方法であり，通時的調査法とも呼ばれる。この方法では，機能の把握に長い年月を要してしまうが，本来の意味での機能の変化を把握することができる。

(2) 横断的調査とは

もう一つの方法として，**横断的調査法**（cross-sectional survey）がある。この方法では，同時期に異なる世代（年齢群）を対象に機能の状態を実験や調査により把握し，両者を比較することにより加齢の変化を検討するというものであり，共時的調査法とも呼ばれる。しかしながら，縦断的調査により得られた機能変化とは異なり，対象とする集団が異なるため，真の加齢変化を把握することはできない。これは，集団が異なると生活環境も異なり，そのため加齢と機能変化の関係も異なると予測されるためである。

同一の環境で生活する集団をコホート集団と呼ぶ[4] が，横断的調査法では異なる**コホート**（cohort）集団を対象として機能の比較を行う。よって，真の機能変化を把握することはできないが，調査データを蓄積することにより生

活環境の異なるコホート間の機能変化の違いについて検討することが可能となる。

6.3　疾病による機能の低下と障害

つぎに，疾病による機能の低下と障害について解説する。障害とは，本来人間の持つ機能がなんらかの原因により低下し，その状態が継続してしまう状態を指す。その原因として，永続的な機能低下をきたしてしまう疾病がある。

生活習慣病の中でも，脳卒中（脳出血や脳梗塞など）により，片麻痺や高次脳機能障害などの機能低下をきたす中・高齢者が増加している。特に，高次脳機能障害には記憶障害や注意障害などがあり，片麻痺による運動機能障害と異なり外見では判断できず，機能低下として認知されない場合が多い。

6.3.1　国際障害分類に基づく障害の概念

1981 年，世界保健機関（WHO）の総会において，障害に対する定義を行うために**図 6.4** に示すような**国際障害分類（ICIDH）**モデルの仕様が採択された。ICIDH は，International Classification of Impairments, Disabilities, and Handicaps の頭文字を取ったもので，図に示すように障害を三つの視点から捉えている[5]。

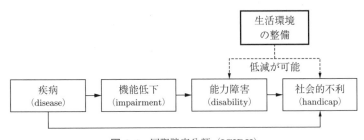

図 **6.4**　国際障害分類（ICIDH）

　このモデルは，障害を**機能低下**（impairment），**能力障害**（disability），**社会的不利**（handicap）の三つの視点で捉えるものである。さらに，能力障害は機能低下が原因となって生じるものや，社会的不利は能力障害が原因となって生じるものといったように，原因と結果という関係付けがなされている。

　機能低下は，医学的な見地により判断されるものであるが，能力障害と社会的不利に関しては人間を社会的存在として捉えるものであり，日常生活を営める程度や，地域社会における参加の程度を判断するものであるといえる。よって，障害を持つ人々の生活環境を整備することにより，「目的の行動が機能低下のために遂行できない」という能力障害や，「地域社会における活動が遂行できない」という社会的不利の軽減が可能となる。この考えは，6.4 節で説明する**バリアフリー**として，さまざまな生活環境において取り入れられている。

6.3.2　国際障害分類から国際生活機能分類へ

　1981 年に発表された国際障害分類に対しては，障害というネガティブな観点から分類を行っているという指摘があり，これに対応すべく**図 6.5** に示すような**国際生活機能分類**（International Classification of Functioning, Disability and Health; **ICF**）が世界保健機関（WHO）において 2001 年に採択された[6]。

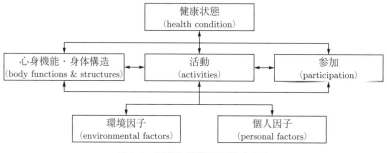

図 6.5　国際生活機能分類（ICF）

　この分類は，機能低下や能力障害といったある特定の状態に限定するのではなく，人間のあらゆる機能，そして日常生活における活動や社会的活動への参加の状況を網羅したものである。このモデルを用いることにより，人間機能と

日常生活活動や社会的活動への参加の状況との関連を客観的に捉えることができる。つまり，どの機能が低下するとどのような日常生活活動や社会的活動への参加が困難になるかが予測できることになり，従来の ICIDH と同様の役割を果たすことができる。

なお，図 6.5 において用いられている用語とその内容は，以下のとおりである[7),8)]。

(1) 心身機能・身体構造（body functions and structures）

まず，心身機能とは，ICIDH の定義における機能低下に相当するものであり，感覚機能，知覚・認知機能，運動機能の三つの人間機能を指す。これに加え，身体構造とは，身体部位の状態のことを指す。

(2) 活動（activities）

つぎに，活動とは ICIDH における能力障害に相当するものであり，日常生活などで営まれる行為（ADL，IADL）などのことを指す。ICIDH における能力障害に相当する考え方として，活動制限（activity limitation）という用語が用いられる。要介護高齢者や障害者の場合には，活動の状況を**している活動**と**できる活動**の二つの視点から評価する必要がある。

まず，している活動とは，現状の生活環境で遂行が可能な活動のこと，つま

┌── コーヒーブレイク ──┐

「害」か「碍」か「がい」か？

2009 年 12 月に設置された「障がい者制度改革推進本部」において，これまで使用されてきた「障害」の表記について議論が始まった[9)]。この議論はそもそも，「害」という漢字に「悪い結果や影響を及ぼす」という意味があるため，障害者という記述をした場合に悪いイメージが与えられるという意見があがったことに端を発している。従前は「妨げる」という意味を持つ「碍」という漢字が用いられていたが，常用漢字に含まれていないため，「害」という漢字が主として用いられてきた。さらに最近では，ひらがなの「がい」という表記も多く見られるようになっている。本書では，害を「疾病による原因で機能低下という影響を受けた」という受け身の意味で害という漢字を解し，「障害」という表記を用いることとする。

り目に見える顕在的な活動のことを指す。一方，できる活動とは，現状の生活環境を改善することにより遂行可能と考えられる活動のこと，つまり潜在的な能力を生かすことで可能となる活動のことを指す。潜在的な活動能力を活用するためには，次節で述べるバリアフリーデザインの考え方を活用するのが有効である。

(3) 参加（participation）

参加とは，地域社会における活動に関与することである。具体的には，働くことや趣味を楽しむことなどである。また，参加には，家庭において割り当てられた役割を果たす活動も含まれる。ICIDH における社会的不利に相当する考え方として，参加制約（participation restriction）という用語が用いられる。

(4) 環境因子と個人因子（environmental factors and personal factors）

環境因子には，建物や道路，交通機関などの物理的な生活環境に加え，人間関係なども含まれる。個人因子とは，いわゆる個性のことを指す。

(5) 健康状態（health condition）

最後に，健康状態とは，1章において生活の質（QOL）について説明したように，心身機能の状態に基づく個々人の主観的満足の度合いにより決まる概念である。

以上のように，ICF の概念は，医学や福祉の分野のみならず，さまざまな分野における人間の機能や活動・参加状況の共通の評価尺度として用いられるようになっている。

6.3.3　日本における身体障害の分類

日本における障害の種別とその程度に関しては，「身体障害者福祉法」において定義されている。身体障害者福祉法施行規則別表の「**身体障害者障害程度等級表**」には，以下に示す五つの障害および機能の種別，ならびに等級の定義が記されている。

- 視覚障害
- 聴覚または平衡機能の障害

表 6.1　身体障害者障害程度等級表（その 1）

級別	視覚障害	聴覚又は平衡機能の障害		音声機能，言語機能又はそしゃく機能の障害
		聴覚障害	平衡機能障害	
1 級	両眼の視力（万国式試視力表によって測ったものをいい，屈折異常のある者については，きょう正視力について測ったものをいう。以下同じ）の和が 0.01 以下のもの			
2 級	1) 両眼の視力の和が 0.02 以上 0.04 以下のもの 2) 両眼の視野がそれぞれ 10 度以内で，かつ，両眼による視野についての視能率による損失率が 95 % 以上のもの	両耳の聴力レベルがそれぞれ 100 デシベル以上のもの（両耳全ろう）		
3 級	1) 両眼の視力の和が 0.05 以上 0.08 以下のもの 2) 両眼の視野がそれぞれ 10 度以内で，かつ，両眼による視野についての視能率による損失率が 90 % 以上のもの	両耳の聴力レベルが 90 デシベル以上のもの（耳介に接しなければ大声語を理解し得ないもの）	平衡機能の極めて著しいもの	音声機能，言語機能又はそしゃく機能の喪失
4 級	1) 両眼の視力の和が 0.09 以上 0.12 以下のもの 2) 両眼の視野がそれぞれ 10 度以内のもの	1) 両耳の聴力レベルが 80 デシベル以上のもの（耳介に接しなければ話声語を理解し得ないもの） 2) 両耳による普通話声の最良の語音明瞭度 50 % 以下のもの		音声機能，言語機能又はそしゃく機能の著しい障害
5 級	1) 両眼の視力の和が 0.13 以上 0.2 以下のもの 2) 両眼による視野の 2 分の 1 以上が欠けているもの		平衡機能の著しい障害	
6 級	1) 眼の視力が 0.02 以下，他眼の視力が 0.6 以下のもので，両眼の視力の和が 0.2 を越えるもの	1) 両耳の聴力レベルが 70 デシベル以上のもの（40 センチメートル以上の距離で発声された会話語を理解し得ないもの） 2) 1 側耳の聴力レベルが 90 デシベル以上，他側耳の聴力レベルが 50 デシベル以上のもの		
7 級				

表 6.2 身体障害者障害程度等級表（その 2）

級別	肢体不自由	
	上　肢	下　肢
1 級	1) 両上肢の機能を全廃したもの 2) 両上肢を手関節以上で欠くもの	1) 両下肢の機能を全廃したもの 2) 両下肢を大腿の 2 分の 1 以上で欠くもの
2 級	1) 両上肢の機能の著しい障害 2) 両上肢のすべての指を欠くもの 3) 1 上肢を上腕の 2 分の 1 以上で欠くもの 4) 1 上肢の機能を全廃したもの	1) 両下肢の著しい障害 2) 両下肢を下腿の 2 分の 1 以上で欠くもの
3 級	1) 両上肢のおや指及びひとさし指を欠くもの 2) 両上肢のおや指及びひとさし指の機能を全廃したもの 3) 上肢の機能の著しい障害 4) 1 上肢のすべての指を欠くもの 5) 1 上肢すべての指の機能を全廃したもの	1) 両下肢をショパー関節以上で欠くもの 2) 1 下肢を大腿の 2 分の 1 以上で欠くもの 3) 1 下肢の機能を全廃したもの
4 級	1) 両上肢のおや指を欠くもの 2) 両上肢のおや指の機能を全廃したもの 3) 1 上肢の肩関節，肘関節又は手関節のうち，いずれか 1 関節の機能を全廃したもの 4) 1 上肢のおや指及びひとさし指を欠くもの 5) 1 上肢のおや指及びひとさし指の機能を全廃したもの 6) おや指又はひとさし指を含めて 1 上肢の 3 指を欠くもの 7) おや指又はひとさし指を含めて 1 上肢の 3 指の機能を全廃したもの 8) おや指又はひとさし指を含めて 1 上肢の 4 指の機能の著しい障害	1) 両下肢のすべての指を欠くもの 2) 両下肢のすべての指の機能を全廃したもの 3) 1 下肢を下腿の 2 分の 1 以上で欠くもの 4) 1 下肢の機能の著しい障害 5) 1 下肢の股関節又は膝関節の機能を全廃したもの 6) 1 下肢が健側に比して 10 センチメートル以上又は健側の長さの 10 分の 1 以上短いもの
5 級	1) 両上肢のおや指の機能の著しい障害 2) 1 上肢の肩関節，肘関節または手関節のうち，いずれか 1 関節の機能の著しい障害 3) 1 上肢のおや指を欠くもの 4) 1 上肢のおや指の機能を全廃したもの 5) 1 上肢のおや指及びひとさし指の機能の著しい障害 6) おや指又はひとさし指を含めて 1 上肢の 3 指の著しい障害	1) 1 下肢の股関節又は膝関節の機能の著しい障害 2) 1 下肢の足関節の機能を全廃したもの 3) 1 下肢が健側に比して 5 センチメートル以上又は健側の長さの 15 分の 1 以上短いもの
6 級	1) 1 上肢のおや指の機能の著しい障害 2) ひとさし指を含めて 1 上肢の 2 指を欠くもの 3) ひとさし指を含めて 1 上肢の 2 指の機能を全廃したもの	1) 1 下肢をリスフラン関節以上で欠くもの 2) 1 下肢の足関節の 1 関節の機能の著しい障害
7 級	1) 1 上肢の機能の軽度の障害 2) 1 上肢の肩関節，肘関節又は手関節のうち，いずれか 1 関節の機能の軽度の障害 3) 1 上肢の手指の機能の軽度の障害 4) ひとさし指を含めて 1 上肢の 2 指の機能の著しい障害 5) 1 上肢のなか指，くすり指及び小指を欠くもの 6) 1 上肢のなか指，くすり指及び小指の機能を全廃したもの	1) 両下肢のすべての指の機能の著しい障害 2) 1 下肢の機能の軽度の障害 3) 1 下肢の股関節，膝関節又は足関節のうち，いずれか 1 関節の機能の軽度の障害 4) 1 下肢のすべての指を欠くもの 5) 1 下肢のすべての指の機能を全廃したもの 6) 1 下肢が健側に比して 3 センチメートル以上又は健側の長さの 20 分の 1 以上短いもの

表 6.3　身体障害者障害程度等級表（その 3）

等級	肢体不自由		
	体　幹	乳幼児期以前の非進行性の脳病変による運動機能障害	
		上肢機能	移動機能
1 級	体幹の機能障害により座っていることができないもの	不随意運動・失調等により上肢を使用する日常生活動作がほとんど不可能なもの	不随意運動・失調等により歩行が不可能なもの
2 級	1) 体幹の機能障害により坐位又は起立位を保つことが困難なもの 2) 体幹の機能障害により立ち上がることが困難なもの	不随意運動・失調等により上肢を使用する日常生活動作が極度に制限されるもの	不随意運動・失調等により歩行が極度に制限されるもの
3 級	体幹の機能障害により歩行が困難なもの	不随意運動・失調等により上肢を使用する日常生活動作が著しく制限されるもの	不随意運動・失調等により歩行が家庭内での日常生活活動に制限されるもの
4 級		不随意運動・失調等による上肢の機能障害により社会での日常生活活動が著しく制限されるもの	不随意運動・失調等により歩行が社会での日常生活活動が著しく制限されるもの
5 級	体幹機能の著しい障害	不随意運動・失調等による上肢の機能障害により社会での日常生活活動に支障のあるもの	不随意運動・失調等により歩行が社会での日常生活活動に支障のあるもの
6 級		不随意運動・失調等により上肢の機能の劣るもの	不随意運動・失調等により移動機能の劣るもの
7 級		上肢に不随意運動・失調等を有するもの	下肢に不随意運動・失調等を有するもの

備考 1. 同一の等級について二つの重複する障害がある場合は，1 級上の級とする。ただし，二つの重複する障害が特に本表中に指定されているものは，当該等級とする。

　　2. 肢体不自由においては，7 級に該当する障害が二つ以上重複する場合は，6 級とする。

　　3. 異なる等級について二つ以上の重複する障害がある場合については，障害の程度を勘案して当該等級より上の級とすることができる。

　　4.「指を欠くもの」とは，おや指については指骨間関節，その他の指については第 1 指骨間関節以上を欠くものをいう。

　　5.「指の機能障害」とは，中手指節関節以下の障害をいい，おや指については，対抗運動障害をも含むものとする。

　　6. 上肢又は下肢欠損の断端の長さは，実用長（上腕においては腋より，大腿においては坐骨結節の高さより計測したもの）をもって計測したものをいう。

　　7. 下肢の長さは，前腸骨より内くるぶし下端までを計測したものをいう。

表 6.4 身体障害者障害程度等級表（その 4）

等級	心臓，じん臓若しくは呼吸器又はぼうこう若しくは直腸，小腸，ヒト免疫不全ウイルスによる免疫若しくは肝臓の機能の障害						
	心臓機能障害	じん臓機能障害	呼吸器機能障害	ぼうこう又は直腸の機能障害	小腸機能障害	ヒト免疫不全ウイルスによる免疫機能障害	肝臓機能障害
1 級	心臓の機能の障害により自己の身辺の日常生活活動が極度に制限されるもの	じん臓の機能の障害により自己の身辺の日常生活活動が極度に制限されるもの	呼吸器の機能の障害により自己の身辺の日常生活活動が極度に制限されるもの	ぼうこう又は直腸の機能の障害により自己の身辺の日常生活活動が極度に制限されるもの	小腸の機能の障害により自己の身辺の日常生活活動が極度に制限されるもの	ヒト免疫不全ウイルスによる免疫の機能の障害により日常生活がほとんど不可能なもの	肝臓の機能の障害により日常生活活動がほとんど不可能なもの
2 級						ヒト免疫不全ウイルスによる免疫の機能の障害により日常生活が極度に制限されるもの	肝臓の機能の障害により日常生活活動が極度に制限されるもの
3 級	心臓の機能の障害により家庭内での日常生活活動が著しく制限されるもの	じん臓の機能の障害により家庭内での日常生活活動が著しく制限されるもの	呼吸器の機能の障害により家庭内での日常生活活動が著しく制限されるもの	ぼうこう又は直腸の機能の障害により家庭内での日常生活活動が著しく制限されるもの	小腸の機能の障害により家庭内での日常生活活動が著しく制限されるもの	ヒト免疫不全ウイルスによる免疫の機能の障害により日常生活が著しく制限されるもの（社会での日常生活活動が著しく制限されるものを除く）	肝臓の機能の障害により日常生活活動が著しく制限されるもの（社会での日常生活活動が著しく制限されるものを除く）
4 級	心臓の機能の障害により社会での日常生活活動が著しく制限されるもの	じん臓の機能の障害により社会での日常生活活動が著しく制限されるもの	呼吸器の機能の障害により社会での日常生活活動が著しく制限されるもの	ぼうこう又は直腸の機能の障害により社会での日常生活活動が著しく制限されるもの	小腸の機能の障害により社会での日常生活活動が著しく制限されるもの	ヒト免疫不全ウイルスによる免疫の機能の障害により社会での日常生活活動が著しく制限されるもの	肝臓の機能の障害により社会での日常生活活動が著しく制限されるもの
5 級							
6 級							
7 級							

- 音声機能，言語機能またはそしゃく機能の障害
- 肢体不自由（上肢，下肢，体幹，乳幼児期以前の非進行性の脳病変による運動機能障害）
- 心臓，じん臓もしくは呼吸器またはぼうこうもしくは直腸，小腸，ヒト免疫不全ウイルスによる免疫もしくは肝臓の機能の障害

なお，詳細については**表 6.1～表 6.4** を参照していただきたい。

6.4　バリアの発生とその除去の方法

人間は，S-O-R モデルのように，身の回りのさまざまな情報（刺激）を感覚機能を用いて入手し，中枢神経系で知覚・認知機能を用いて処理した上で意思決定を行い，その内容に基づいて運動機能を用いて行動（反応）する。これらのプロセスに必要な機能が一つでも低下し，うまく処理ができない場合には，**図6.6** に示すように，持ちうる行動能力が要求される能力に達せず，「目的の行為が遂行できない」という**バリア**（障壁）が生じ，その結果として能力障害が生じる。このバリアを除去するためには，大きく分けて二つの方法が考えられる[10]。

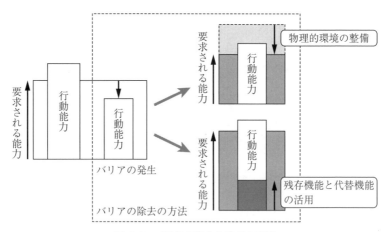

図 **6.6**　バリアの発生と除去の方法

6.4.1 バリアの除去の方法

以下に，発生したバリアを取り除くための考え方を示す。

(1) 物理的環境の整備

要求される能力を低減し，現状の能力のままでも目的の行為ができるようにする方法である。この方法を実現するためには，行為を遂行する場である物理的環境を整備する必要がある。例えば，移動を例に挙げると，車いすで移動する場合には，段差（高低差）という物理的環境が，目的の場所に移動する行為を妨げることになる。よって，このようなバリアを除去するためには段差をなだらかなスロープ（傾斜路）に変更するという方法が有効となる。この考え方は，建築物内や移動経路のバリアフリー化に繋がっている。

(2) 残存機能と代替機能の活用

残存機能（低下しているものの全廃していない機能）に対して補助具など機能を補助する器具を用いたり，**代替機能**（他の機能）を用いたりする方法である。補助具とは，身体機能の低下などにより目的の行為ができない人のために，必要な機能を補助する器具のことである。また，代替機能には，視覚機能が低下あるいは全廃している場合に，聴覚機能や触覚機能などを代用して必要な情報を入手する方法などが考えられる。

6.4.2 バリアフリーデザインの事例

人間機能には感覚機能，知覚・認知機能ならびに運動機能の三つの機能があることについては，S-O-R モデルを用いてすでに説明した。これら三つの機能の中で，知覚・認知機能は，人間の持つ高度な情報処理機能であるため，現時点でこの機能を補助・代替するバリアフリーデザインは実現されていない。よって，本項においては，感覚機能と運動機能に絞って，バリアフリーデザインの事例について説明する。

(1) 感覚機能のバリアフリーデザイン

人間の感覚機能には，視覚，聴覚，触覚，味覚，嗅覚の五感があり，その中でも視覚と聴覚は，日常生活において必要な情報を入手するのに頻繁に用いら

れている。**図 6.7** に，感覚機能のうち視覚機能と聴覚機能が低下あるいは全廃した場合のバリアフリー事例を示す。

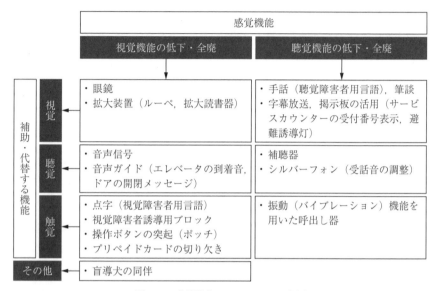

図 6.7 感覚機能のバリアフリー事例

視覚機能と聴覚機能は，主として外部の情報を取り入れる働きを担い，視覚機能の場合には視覚情報を，聴覚機能の場合には聴覚刺激をもとに聴覚情報を入手する。感覚機能が低下している場合には，補助具などを用いて**機能の補助**を行う。また，どちらかの機能が全廃している場合には，提示する刺激を変えることにより，他の感覚機能で情報を取り入れることができる。この方法を**機能の代替**と呼ぶ。

さらには，人間の皮膚の持つ触覚機能を代替機能として活用することができる。その例として，**図 6.8** に**視覚障害者誘導用ブロック**を示す。歩道や建物内の廊下などに設置された誘導用ブロックは，視覚障害者が白杖や足裏などの感触で読み取り，安全な移動を確保することを可能にする。誘導用ブロックには**点状ブロックと線状ブロック**がある。線状ブロックは「移動経路を示すもの」であり，点状ブロックは「経路上に危険な箇所があるなど，注意喚起・警告を促

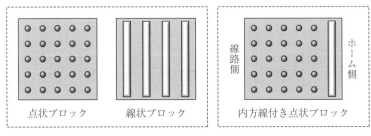

図 **6.8**　視覚障害者誘導用ブロック

すもの」である。危険な箇所には，階段などの段差や曲がり角，横断歩道，エ
レベータやエスカレータの乗り口などがある。

　従来，駅のホームの端には転落防止のため点状ブロックを設置していたが，点
状ブロックの線路側を歩行し誤って転落してしまう事故が多発したため，現在
ではホーム側に内方線が付加されたブロックが設置されている。

(2) 運動機能のバリアフリーデザイン

　つぎに，運動機能の低下を補助・代替するバリアフリーデザインの事例につ
いて見てみよう。運動機能は，人間の身体部位を用いて行う働きである。ここ
では，**表 6.5** に示すように，上肢，下肢，コミュニケーションの三つの視点か
らバリアフリーデザインの事例を紹介する。

表 **6.5**　運動機能のバリアフリーデザインの事例

上肢（操作）	下肢（移動）	コミュニケーション
● 住環境の改良 （ドアノブや蛇口レバー） ● 機器の操作面の改良 （自動販売機のコイン投入口の改良など）	● スロープや手すりの設置 ● エレベータ，エスカレータの設置 ● 出入口の間口の広さの配慮 ● 機器・設備の配置の配慮 （車いす使用者に配慮した機器の設置など）	● トーキングマシン ● TDD（テキスト電話） ● 電子メール，WWW

　まず，上肢機能のバリアフリーデザインに関しては，住環境や機器における
操作面の改良が中心となる。従来の握り玉の付いたドアは，レバー式のものに
代替されている。また，従来の水道の蛇口では，冷水と熱湯の調整を別々に蛇

口で調整する必要があったが，現在ではレバーを左右・上下に動かすことで簡単に調整ができるようになっている。

　つぎに，下肢機能のバリアフリーデザインに関しては，歩道や建物内廊下など移動に関するものや，機器や設備へのアプローチに関するものが多く見られる。特に，移動の妨げとなる段差は，**スロープ**（**傾斜路**）化したり，エレベータやエスカレータを設置したりすることが必要となる。また，車いすで建物内の部屋に出入りする場合には，出入口の間口の広さの確保も必要となる。また，券売機などの機器を操作する場合には，車いすでアプローチ可能な奥行きや高

──コーヒーブレイク──

マウスの感度と操作の最適化

　PC を稼働させる基本ソフトである OS（operating system）は，画面上のアイコンやメニューをクリックしてアプリケーションを起動させる GUI（graphical user interface）仕様のものが主流である。GUI 仕様の PC を操作するためには，マウスに代表される入力デバイスが欠かせない。マウスを操作することによりモニタ上のポインタが移動する。その際，感度が高ければポインタの移動速度は速く，感度が低ければ移動速度は遅くなる。このマウスの感度のことを，ディスプレイ上のポインタの移動距離（display distance）に対するマウスの操作距離（control distance）の比をとり，**D/C 比**と呼ぶ。じつはマウスを操作する人の上肢能力により，**図 2** に示すように最適の感度が存在し，この条件のもとでは最も速い操作が可能となる。このような作業条件を**至適作業条件**と呼ぶ。

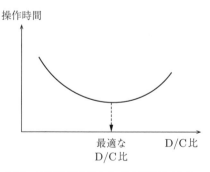

図 2　至適作業条件としての最適 D/C 比

さの配慮が必要となる。これらの建築基準については，6.7節で解説する。

　最後に，コミュニケーション機能の低下のバリアフリーデザインに関しては，主として言語機能の低下や，聴覚機能の低下のために相手の話し声を聞き取れない場面で役立つものが開発されている。トーキングマシンは，相手に伝えたい内容を，キーボードを押すことで人工的に音声にするものである。

　また，聴覚機能や言語機能の低下で，通常の電話では相手と会話のできない場合に用いられたのが，**図 6.9** に示す **TDD**（telecommunication device for deaf）である。聴覚障害者あるいは言語障害者が使用する電話には，文字入力できるキーボードと文字表示できるモニタ画面が付加されている。キーボードから入力された文字情報は，オペレータを通して音声で相手に伝えられる。そして，相手の話した内容はオペレータにより文字情報に変換され，モニタに表示される。現在では，携帯電話の電子メール機能がその役割を担っている。

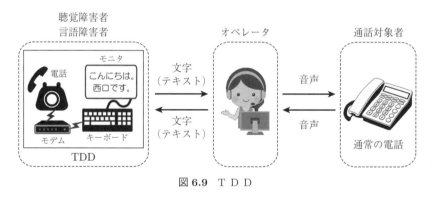

図 6.9　Ｔ Ｄ Ｄ

6.5　日常生活行為（ADL）とその支援のための手段

6.5.1　日常生活行為の評価法

　日常生活行為（ADL）は，起居，移動・移乗，整容・更衣，食事，排泄，入浴，コミュニケーションといった行為で構成される。これらは，人間が起床してから就寝するまで，ほぼ毎日行う日常生活の基本となる行為である。加齢や

表 6.6　バーセルインデックスの評価項目（厚生労働省厚生局 ADL 維持向上等体制加算に係る評価書，`https://kouseikyoku.mhlw.go.jp/kinki/iryo_shido/documents/07-2.doc`）

行　為	評価基準	点数
食事	自立，自助具などの装着可，標準的時間内に食べ終える	10
	部分介助（例えば，おかずを切って細かくしてもらう）	5
	全介助	0
車いすからベッドへの移動	自立，ブレーキ，フットレストの操作も含む（非行自立も含む）	15
	軽度の部分介助または監視を要する	10
	座ることは可能であるがほぼ全介助	5
	全介助または不可能	0
整容	自立（洗面，整髪，歯磨き，ひげ剃り）	5
	部分介助または不可能	0
トイレ動作	自立（衣服の操作，後始末を含む，ポータブル便器などを使用している場合はその洗浄も含む）	10
	部分介助，体を支える，衣服，後始末に介助を要する	5
	全介助または不可能	0
入浴	自立	5
	部分介助または不可能	0
歩行	45 m 以上の歩行，補装具（車いす，歩行器は除く）の使用の有無は問わず	15
	45 m 以上の介助歩行，歩行器の使用を含む	10
	歩行不能の場合，車いすにて 45 m 以上の操作可能	5
	上記以外	0
階段昇降	自立，手すりなどの使用の有無は問わない	10
	介助または監視を要する	5
	不能	0
着替え	自立，靴，ファスナー，装具の着脱を含む	10
	部分介助，標準的な時間内，半分以上は自分で行える	5
	上記以外	0
排便コントロール	失禁なし，浣腸，坐薬の取り扱いも可能	10
	ときに失禁あり，浣腸，坐薬の取り扱いに介助を要する者も含む	5
	上記以外	0
排尿コントロール	失禁なし，収尿器の取り扱いも可能	10
	ときに失禁あり，収尿器の取り扱いに介助を要する者も含む	5
	上記以外	0

なんらかの疾病のためにこれらの行為の遂行が困難となった場合には，円滑な日常生活を営むことができなくなる。そのため，要介護高齢者などが家庭内で生活する場面を想定した場合，どのくらい自立した生活が送れるのかを評価する必要がある。2000 年に施行された介護保険制度では，日常生活行為に関して他者の介助がどのくらい必要かにより**要介護度**を判定する要介護認定制度を導入している。

評価は対象者の日常生活遂行の可能性を示唆する重要な指標である。従来よりさまざまな ADL 評価指標が作成され，医療・福祉の分野で用いられている。代表的なものとして，**表 6.6** に示す**バーセルインデックス**（Barthel index）を挙げることができる。バーセルインデックスは，日常生活行為を 10 種類に分類し，自立度を点数化（100 点満点）し，要介護度を判定するというものである[11]。

このように，客観化（つまり数値化）された ADL 評価を用いることにより，リハビリテーション分野においては機能回復効果を測定することが可能であるとともに，医療・福祉を包含したチーム医療スタッフ間で評価対象者の ADL 状態を共有することができ，より効果的な日常生活の自立支援が可能となる。また，介護保険における介護報酬の参考にもされている。

6.5.2　ADL の自立を支援する福祉用具

ここで，日常生活行為の遂行を可能にする手段について考えてみることとする。日常生活行為の支援のための手段としては，**福祉用具**を用いるのが一般的である。福祉用具については，1993 年 10 月 1 日に施行された「福祉用具の研究開発及び普及の促進に関する法律」において定義されている。

その第 1 条（目的）において「この法律は，心身の機能が低下し日常生活を営むのに支障のある老人及び心身障害者の自立の促進並びにこれらの者の介護を行う者の負担の軽減を図るため，福祉用具の研究開発及び普及を促進し，もってこれらの者の福祉の増進に寄与し，あわせて産業技術の向上に資することを目的とする」，さらに第 2 条（定義）において「心身の機能が低下し日常生活

を営むのに支障のある老人又は心身障害者の日常生活上の便宜を図るための用具及びこれらの者の機能訓練のための用具並びに補装具」と記されている。つまり，福祉用具は「加齢（aging）や疾患（disease）により生じた身体的あるいは知的機能低下により，日常生活を営むのに必要な動作群である日常生活動作（ADL）や日常生活関連動作（IADL）になんらかの支障が生じた人に対して，自立の手助けを行うもの，機能の維持・向上の手助けをするもの，さらには介助者の身体的負担を軽減するものとして活用できるもの」と考えることができる。

6.5.3　福祉用具の活用意義

　まず，福祉用具は「自分がしたいと思う行為が，なんらかの機能低下のために遂行できない場合に，機能の補助・代替を目的として用いられるもの」である。かりに，その行為を遂行するのに十分な機能があるにもかかわらず，福祉用具に過度に頼るとすると，かえって機能低下を招く原因となる可能性がある。したがって，現時点で自分の力（機能）でできることは自力で行うことが理想的であり，そうすることにより，日常生活への自立への意欲も高まるものと期待される。一方，自力で行うことにより，過度に他の身体部位に負担がかかったり，体力を消耗してしまうような場合には，福祉用具の活用を考える必要がある。

　つぎに，介護者側の立場から見ると，移乗や体位変換の介助などで過度の身

┌─ コーヒーブレイク ─┐

国際福祉機器展

　国際福祉機器展は「ハンドメイドの自助具から最先端技術を活用した介護ロボット・福祉車両まで世界の福祉機器を一堂に集めたアジア最大規模の国際展示会」というキャッチフレーズで，毎年 1 回東京国際展示場（東京ビッグサイト）で開催されている。2019 年度の開催では，世界 14 か国 1 地域から 430 社超の出展があったようである。あなたも，ビッグサイトまで足を伸ばし，福祉機器の現状を視察してみてはいかがだろうか。

体的負担が生じていたのが，福祉機器を活用することにより軽減され，さらには精神的負担も和らげるといった効果が生まれるものと期待される。しかしながら，使用方法を誤ると要介護者に身体的な損傷を与えてしまう可能性もあり，活用の際には取り扱い方など十分な注意を払う必要がある。

　上述したように，福祉用具は，要介護老人や障害者の日常生活の自立を支援するため，さらには介護者の身体的負担を軽減するために利用可能な**社会資源（ソーシャルリソース）**の一つとして捉えることができる。なお，日常生活の場面において活用されている福祉用具の詳細については，年に一度開催される国際福祉機器展に足を運んで確認していただきたい。

6.6　ユニバーサルデザインとその活用

6.6.1　ユニバーサルデザインの誕生

　ユニバーサルデザイン（universal design; **UD**）は，米国ノースカロライナ州立大学デザイン学部の教授であった**メイス**（Mace, R.）によって提唱された「だれもが生活しやすい環境を実現するためのガイドライン」である。建築家をはじめ，工業デザイナー，心理学者，住環境や工業製品・サービスの設計に携わる実務家などの知見を集約してまとめられた**ユニバーサルデザインの7原則**から構成されている。ユニバーサルデザインの概念は，日用品やさまざまなサービスをはじめとして公共施設の建築基準に至るまで，われわれの生活環境に浸透してきた。

　従来より，機能低下や能力障害により生じるバリア（障壁）を除去する方策としてバリアフリーデザイン（barrier free design）の概念が用いられてきた。バリアフリーデザインによって，能力障害により生じるバリアを除去することが可能となるが，低下や障害といった人間特性のネガティブな面が強調されるという指摘も多くあった。確かに，日常の生活行動においてバリアとはあまり縁がない人であっても，疾病や怪我あるいは注意力の低下により，思いがけな

いバリアに遭遇することもあるはずである。つまり，障害の有無，老若男女，人種，体型，言語や文化の相違などを問わず，どのような人間に対しても想定されるバリアを除去する方策を提供するものがユニバーサルデザインであるといえる。

　障害のある人々でも利用しやすい施設や製品，サービスに対するアクセス権を保証することを目的とした法律である ADA（Americans with Disabilities Act）が 1990 年に施行され，この後押しを受けユニバーサルデザインの概念が誕生して，世界中に普及していった[12]。

6.6.2　ユニバーサルデザインの 7 原則

　7 原則で構成されるユニバーサルデザインの概念は，さまざまな分野の専門家の視点から指摘された知識の集積である。よって，指針の次元（dimension）も多方向にわたっており，体系立ったものであるとはいいがたいが，人間の主体的行動を支援するためのガイドラインとしては非常に有効である。以下に，ユニバーサルデザインの 7 原則について示す[13]。

(1) 原則 1：合理的な（理にかなった）使用ができること（equitable use）

　原則 1 においては，「さまざまな能力を有する人々にとって有用で入手可能なデザインであること」と定義されている。これは，われわれの社会では「さまざまな特性を有する人々がともに生活をしている」ことを前提にしたものである。このさまざまな特性として，年齢差や性差，体格差，身体的・知的機能や能力の差などを例として挙げることができる。デンマーク人である**バンク-ミケルセン**（Bank-Mikkelsen, N.E.）は，「障害の有無に関係なく，一人の人間として人格を持って生活が可能な社会を作り出していくべきである」という**ノーマライゼーション**（normalization）の概念を提唱した[14]。現在，このノーマライゼーションの概念は，バリアフリーデザインや障害を持つ人々の自立を実現するために必須のものとなっている。この考え方を受け，ユニバーサルデザインには，対象を障害の有無のみならず，老若男女，人種，体型，言語や文化の相違などを問わず利用可能な製品やサービス，生活環境の設計の必要性が盛り

込まれている。また，利用者のプライバシーや安全が確保されるとともに，使用することに抵抗がなく，利用者がぜひ使ってみたいと感じるような魅力のあるものでなければならないと記述されている。

(2) 原則 2：融通の利く使い方ができること（flexibility in use）

原則 2 においては，「さまざまな特性の個々人の好みや能力を取り込むデザインであること」と定義されている。この原則では，道具や機械，自宅や近隣地域の建築物や施設が，さまざまな特性を持つ人々が利用できるように設計されるべきであるとしている。利き手の違いや，大人と子供あるいは車いす使用者など利用者の視線の高さの違い，感覚機能や運動機能の低下によって利用しづらくならないように配慮すべきであると指摘している。例えば，**図 6.10** に示す自動販売機のコインの投入口は，「使用者の操作の正確さや精度を手助けするデザイン」が施されており，人間の上肢動作を構成する終局動作を容易にする工夫がされている。そもそも，工業製品にはそれらを使用し目的を達成するために必要な**基本機能**が必ず組み込まれている。自動車の場合には「目的地まで短時間で楽に移動することができる」という基本機能がある。一方，「人以外に荷物も多く積める」ステーションワゴンや「加速感や高速運転が味わえる」スポーツカーなど，基本機能以外にも利用者の要求する**付加機能**を備えたものを提供する必要がある。付加機能を高めていくことにより，製品の価値指数も向上する。今後，ユニバーサルデザインの視点を付加機能に盛り込み，さまざま

図 **6.10**　コインの投入口

な特性を持つ人々が利用可能な製品づくりを推進していく必要がある。

(3) 原則3：簡単で直感的な利用ができること（simple and intuitive use）

原則3には，「使用者の経験や知識，言語能力あるいは現在の意識レベルに関係なく理解可能なデザインであること」と定義されており，使用者の意識レベルがどのような状態であっても，「外部情報（刺激）の中から必要な情報をより速くそして正確に伝達できる環境の提供」，さらには「機器や機械を速く，正確に操作できるユーザインタフェースの設計」が必要であることが記述されている。特にユーザインタフェースに関しては，認知科学の知見をもとに考案された「ユーザビリティ評価法」により，使用者にとって優しく，使いやすい製品設計が進められている。なお，ユーザインタフェースおよびユーザビリティ評価法の詳細に関しては，専門書を参照していただきたい。

(4) 原則4：識別しやすい情報であること（perceptible information）

原則4には，「周りの状況や感覚器の能力に関係なく，利用者に必要な情報を効果的に伝えるデザインであること」と定義されており，上述したS-O-Rモデルにおいて外部情報（刺激）を感覚情報として取り入れる感覚機能が低下してしまった場合に生じるバリアを除去するためのデザインが求められている。

(5) 原則5：エラーに対して寛容性を持っていること（tolerance for error）

原則5には，「偶然あるいは不意の行動により生じる危険や予期せぬ事態を最小化するデザインであること」と定義されている。この原則においては，「われわれ人間はエラーを起こす生き物である」という前提のもとで，「エラーを未然に防ぎ，かりにエラーが起こってもそれによって引き起こされる悪影響を最小限に抑える手段を講じるべきである」と記述されている。

人間のエラーにより引き起こされる事故を未然に防ぐ方策として，**フールプルーフ**（fool proof）という手段がある。この例としては，オートマチック車の場合には，ギアをパーキングに入れ，ブレーキを踏んでいないとエンジンがかからないようにし，急発進を防ぐ仕組みである。

さらに，人間やシステムのエラーや故障によって引き起こされる事故を最小限に抑える方策として**フォルトトレラント**（fault tolerant）という考え方があ

る。フォルトトレラントには，状況に応じて必要な機能を維持する手段を準備しておく**フェイルセーフ**（fail safe）と，機能を停止させ安全な状態に保つ**フェイルストップ**（fail stop）の考え方がある。

フェイルセーフの例としては，ジェット飛行機のエンジンを取り上げることができる。エンジンが 2 基付いている飛行機は，かりにエンジンが 1 基故障しても，もう 1 基のエンジンで離着陸が可能なように設計されている。このように，必要な機能の構成要素を複数持たせることでシステムの機能を維持する考え方を**冗長性**と呼ぶ。また，複数の要素の結合形式として，**直列回路（AND 回路）**と**並列回路（OR 回路）**がある。一般的に，直列回路は機能の強度を高くするため，そして並列回路は機能の信頼性を高めるために用いられる。以下に，要素 1 個当りの信頼度を r とした場合の各回路のシステムとしての信頼度を示す。

図 6.11 に示す直列回路は，図の右側の真理値表に示すように，要素 1 と要素 2 が同時に機能（on）している場合にシステムが機能する。よって，要素を 2 個直列に繋いだ場合のシステムの信頼度 R_s は，式 (6.1) に示すような式で計算される。

$$R_s = r \times r \tag{6.1}$$

要素の信頼度 r を 0.9 とした場合，システムの信頼度 R_s は $0.9 \times 0.9 = 0.81 = 81\%$ となる。

要素 1	要素 2	システム
on	**on**	**on**
on	off	off
off	on	off
off	off	off

図 6.11 直列回路の信頼度

図 6.12 に示す並列回路は，図の右側の真理値表に示すように，要素 1 と要素 2 のいずれかが機能（on）している場合にシステムが機能する。よって，要素を 2 個並列に繋いだ場合のシステムの信頼度 R_p は，すべての事象の起こる

要素1	要素2	システム
on	on	on
on	off	on
off	on	on
off	off	off

図 6.12   並列回路の信頼度

確率の和である 1 から，要素 1 と要素 2 が同時に停止（off）する確率を引けば
求められる。よって，式 (6.2) に示すような式で計算される。

$$R_p = 1 - (1 - r) \times (1 - r) \tag{6.2}$$

要素の信頼度 r を 0.9 とした場合，システムの信頼度 R_p は $1 - (1 - 0.9) \times (1 - 0.9) = 1 - 0.01 = 0.99 = 99\%$ となり，冗長性を施すことにより信頼性が
高まることが確認できる。

━┤ コーヒーブレイク ├━

メイスとユニバーサルデザイン

　メイスは，米国ノースカロライナ州立大学デザイン学部の教授であった。幼少
期に小児麻痺を患い，車いす生活を余儀なくされた。彼は，大学の中でさまざま
なバリアに遭遇する。そこで思いついたのは，障害を持つもののみならずだれも
が活動しやすい大学の環境の実現である。この思いがユニバーサルデザインの 7
原則を完成させた。**図 3** に示すように，大学のユニバーサルデザイン研究所には
彼が使用していた車いすが展示されている。

図 3   メイス愛用の車いす

(6) 原則 6：身体的労力を低く抑えること（low physical effort）

「効率良く，快適に，疲労を最小限に抑えるデザインであること」と定義されている。

(7) 原則 7：接近したり使用する際の大きさや空間が考慮されていること（size and space for approach and use）

「使用者の体格や姿勢，機動性にかかわらず，接近したり，手を伸ばしたり，操作したり，使用したりする際に適切な大きさや空間が確保されていること」と定義されている。

　原則 6 および原則 7 においては，使用者の身体的特性あるいは姿勢を考慮した物理的環境の整備について，アクセスしやすく，利用しやすい工夫をするべきであると記述されている。これらの工夫に関しては，すでに自宅の生活環境をはじめとして不特定多数の人々が利用する建築物に至るまで，人体計測データを活用し，建築学や人間工学さらには心理学の知識や技術が生かされ，さまざまなユニバーサルデザインが提供されている。

　特に原則 7 に関しては，公共施設など不特定多数の人々が円滑に利用できる

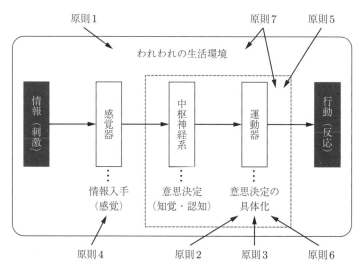

図 6.13　S-O-R モデルとユニバーサルデザインの 7 原則との関連

ことを目指し，これまでのハートビル法と，移動手段として重要な公共交通機関を対象とした交通バリアフリー法を統合したバリアフリー新法が制定・施行されている。

　最後に，**図 6.13** に S-O-R モデルとユニバーサルデザインの 7 原則との関連について示しておく。

6.7　バリアフリー新法

　ユニバーサルデザインの 7 原則の原則 7 に関連して，**バリアフリー新法**の概要について説明する。バリアフリー新法の正式名は「高齢者，障害者等の移動等の円滑化の促進に関する法律」で，日本におけるバリアフリー施策を総合的・計画的に推進するために，従前の**ハートビル法**（正式名は「高齢者，身体障害者等が円滑に利用できる特定建築物の建築の促進に関する法律」）と**交通バリアフリー法**（正式名は「高齢者，身体障害者等の公共交通機関を利用した移動の円滑化の促進に関する法律」）を発展的に統合した法律として，2006 年 12 月に施行された。

6.7.1　高齢者，身体障害者などの利用を考慮した建築基準
　バリアフリー新法においては，以下の六つの原則に基づいて高齢者や身体障害者の利用を考慮した建築計画の要点が示されている[15]。
- (1) 連続的な移動動線を計画する
- (2) 利用時の安全計画を徹底する
- (3) 適切な寸法を計画する
- (4) 経済性，柔軟性，および効率性に留意する
- (5) 操作性と認知性を確保する
- (6) 利用特性に応じた人的配置を計画する

以上に示した建築計画の要点に基づいて，具体的な建築基準が示されている。

6.7.2 ユニバーサルデザインと建築計画の要点

具体的な建築計画の要点のうち，建築物の入口へのアクセス，通路の幅員，エレベータの内部についての指針を例にとって，ユニバーサルデザインの考え方がどのように活用されているかを説明する。

(1) 建築物の出入口へのアクセス

図 **6.14** に敷地内の通路に関する建築基準のうち「建築物の出入口へのアクセス」に関する建築基準を示す。この図には，主として歩道から建築物内への経路に関する設計指針が盛り込まれている。通常は建築物の前にある階段を使用するが，車いすを使用している場合には出入口左手の「傾斜路」（スロープ）を使用して出入口にアクセスすることが可能となる。もしくは，階段左手のように「段差解消機」が設置されていれば，これを使用する。また，階段の左右の端および中央に手すりが設置されており，下肢機能が低下した高齢者や脳卒中などにより片麻痺をきたして片方の手しか使用できない場合，昇り降りの際

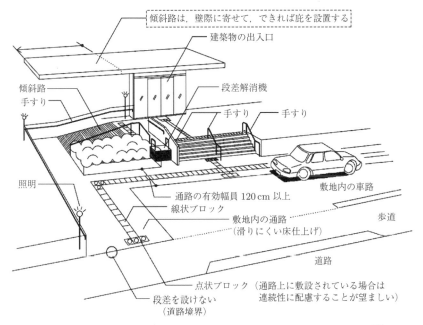

図 6.14 敷地内の通路に関する建築基準（建築物の出入口へのアクセス）[16]

に実用手側の手すりを使用できる。そのほかに，視覚障害者誘導用ブロックも設置されている。

(2) 通路の幅員

つぎに，**図 6.15** に「通路の幅員」に関する建築基準を示す。これは，廊下などの通路において人と車いす，あるいは車いす同士がすれ違うことができる幅員についての基準を示したものである。図 6.15 (b) に示されているように，150 cm の幅員があればすれ違いが可能であり，図 (c) のように 180 cm 以上の幅員が確保できれば車いす同士が支障なくすれ違うことができる。

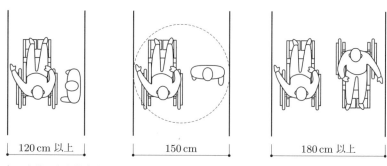

120 cm 以上	150 cm	180 cm 以上
(a) 車いす使用者と横向きの人がすれ違える寸法	(b) 人と車いす使用者がすれ違える寸法　車いす使用者が回転できる寸法	(c) 車いす使用者同士がすれ違える寸法

図 6.15　敷地内の通路に関する建築基準（通路の幅員）[16]

(3) エレベータの内部

最後に，**図 6.16** に「エレベータの内部」の建築基準を示す。これは，車いすを使用した場合にエレベータの箱の内部に出入りでき，さらに箱内で転回できるスペースを確保するための基準である。出入りには 80 cm 以上の間口を，転回には 150 cm × 150 cm 以上のスペースを確保する必要がある。また，手すりや点字を設置すること，車いす使用者でも操作可能な位置に操作盤を設置すること，さらには混雑時に転回ができない場合でも後ろ向きに出られるように鏡を設置することなどの基準が示されている。

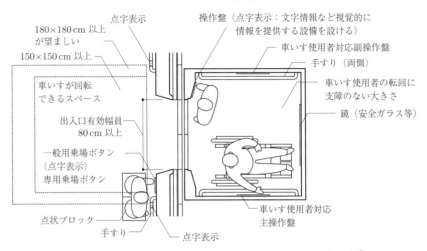

図 **6.16** 敷地内の通路に関する建築基準（エレベータの内部）[17]

　以上，バリアフリー新法に基づく建築基準について，その内容を抜粋して説明した。身体機能が低下した高齢者や身体障害者が円滑に目的の場所へ移動したり，建築物を円滑に利用したりすることができるよう，さまざまな工夫が盛り込まれていることがおわかりいただけたと思う。そのベースには，ユニバーサルデザインの7原則，その中でも原則7の趣旨がある。このように，われわれの生活環境には，ユニバーサルデザインの考え方が徐々に浸透しつつある。

章 末 問 題

【**1**】　人間の機能や能力のうち，結晶性変化を示すものを挙げなさい。

【**2**】　図 6.4 に示した国際障害分類（ICIDH）をもとにして，機能低下の例を一つ挙げ，どのような能力障害，社会的不利が生じるか考えなさい。また，能力障害や社会的不利を除去したり低減したりするための生活環境の整備について考えなさい。

【**3**】　福祉用具（機器）の中から一つ取り上げ，どのような機能があるか説明しなさい。

【**4**】　A 駅から B 駅まで鉄道路線を利用して，時間どおりに書類を届けたい。図 **6.17** に示すように，A 駅から B 駅までは二つの経路があり，どちらも途中で乗り換

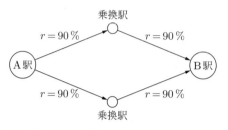

図 **6.17** A 駅から B 駅までの経路

えが必要である。ここで，各路線が時刻どおりに運行している確率（信頼度）
r を 90 % としたとき，どちらか 1 経路で運ぶときと 2 経路を用いて運ぶとき
の時間どおりに書類が届く確率（信頼度）R を求めなさい。

7 高度情報処理技術の活用と人間行動

　現代社会が高度情報化社会と呼ばれるようになって久しい。世界中のコンピュータがインターネットと呼ばれる世界規模のネットワークで繋がり，**図 7.1**に示すように離れた場所にあるコンピュータや機械・器具（いわゆるデバイス）を，手もとのコンピュータやタブレットを用いて操作することができるようになっている。例えば，家の外にいてもエアコンのスイッチを入れたり，テレビ番組の録画予約をしたりすることが可能になっている。このような技術は IoT 技術と呼ばれ，生活の場だけでなく，モノやサービスの生産現場においても導入されている。さらには，人間の思考をプログラム化した AI（人工知能）を用い，それを実行することにより，自動でさまざまな処理が可能となりつつある。本章においては，モノを自動的に操作するための高度な情報処理技術の普及によって，われわれ人間の行動様式がどのように変容するのか，展望を試みる。さらに，IoT や AI の浸透により，労働力の補完も課題となることが考えられることから，その方策についても考察する。

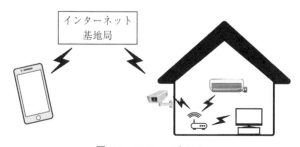

図 **7.1**　IoT ってなに？

7.1　生産システムの進化

　長い歴史の中で，人間は自分自身の能力，他者との協働，そして知恵と工夫
によって生み出された道具を用いて，さまざまな日常生活を営んできた。人
間の英知を駆使して生み出された道具の中でも，コンピュータの誕生は画期
的なものであった。やがて，世界中のコンピュータがネットワークで繋がり，
世界中のさまざまな情報を瞬時に送受信できる環境が提供されるようになっ
た。これまでは，ネットワークに接続されたコンピュータに繋がった機械・器
具（いわゆるデバイス）であれば，離れた場所にあってもネットワーク経由で
手もとのコンピュータを用いて操作することが可能であった。さらに，現在で
は IoT（Internet of Things）と呼ばれる技術を用いて，スマートフォンやタ
ブレット端末から遠く離れた機器（デバイス）を操作することが可能になって
いる。

7.1.1　直接作業から間接作業へ

　従来，製造業において，人間は上肢など自らの身体の機能を使用して職務を
遂行してきた。しかしながら，さまざまな生産技術の進歩により，緻密で高速
に加工し，そして重量物を取り扱えるなど，人間ではなし得ない高度な性能を

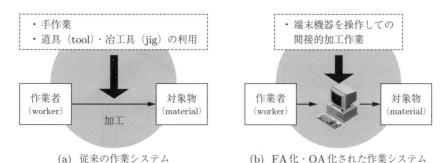

(a)　従来の作業システム　　　　　(b)　FA化・OA化された作業システム

図 7.2　手作業から自動化へ

有する加工機械が作り出された。それにより，人間が自らの機能を用いて行う作業としては，加工の対象となるモノやサービスに対して行う**直接作業**が，加工機械などを操作する**間接作業**に代替される場面が多くなっている。この間接作業の制御は，**図 7.2** に示すように，コンピュータを操作してプログラム化された作業手順を実行することにより，自動制御が可能になった[1]。

7.1.2　生産システムの変遷と IoT 化

　歴史的に振り返ってみると，生産システムは以下の四つの産業革命の時期を機に変化を遂げている。第 1 次産業革命ではワットの蒸気機関の発明以降の動力を用いた機械・設備の導入，第 2 次産業革命ではフォードの生産方式に代表される大量生産方式の導入，第 3 次産業革命では産業用ロボットの導入や IT 技術の導入などの変化が見られた。そして，現在の第 4 次産業革命は IoT 技術の導入という変化をもたらしている。

　第 4 次産業における生産システムの新しい概念として，**インダストリー 4.0** が注目されている。そもそもこの概念は，2011 年に発表されたドイツにおける産業競争力を維持するための産業政策ビジョンのことを指し，**サイバーフィジカルシステム**（cyber-physical system; **CPS**）を構築することを目指したものである[2]。ここでサイバーフィジカルシステムとは，「実世界（フィジカル空間）にあるさまざまなデータを収集し，それらをコンピュータなどのサイバー空間で分析し，知識化された新たな情報にすることで，生産システムの問題解決に役立てる」ためのシステムである。この概念を実現するために生まれたのが，IoT 技術である。

　ここで，図 4.10 に示した「設計 → 調達 → 生産 → 販売 → 消費」という生産のプロセスをもとに，各プロセスにおいても今後さまざまな IoT 技術を用いた生産の効率化が進むと期待されている。

7.2　ネットワークにモノを接続する IoT 技術

　世界を結ぶネットワークであるインターネットは IP（Internet Protocol）と呼ばれる仕組みにより構築されている。このネットワークシステムにおいては，個々の情報端末に住所に当たるアドレスが割り振られ，他の端末からアクセスが可能となる。IP の仕様が，従来から用いられてきたバージョン 4 に加え，バージョン 6 も新たに使用されるようになったことで，扱えるアドレス数が格段に増えた。これにより，PC などの情報端末のみならず家庭の中のさまざまな家電や事務所や工場内の機械・設備などにも IP アドレスを割り振ることが可能になり，インターネット経由でアクセスすることができるようになった。このような情報技術は，Internet of Things の頭文字を取って **IoT** と呼ばれている[3]。もっとわかりやすく表現すると，いろいろなモノにイーサネットケーブルや Wi-Fi 接続を経由してさまざまな情報を送受信することができる技術のことである。つまり，このような技術を用いることで，離れた場所から機器の操作が可能になる。

　図 7.3 に示すように，S-O-R モデルをもとにすると，IoT 技術を構成するデバイスの機能は，外部情報を取り入れるためのセンサデバイス（感覚器に相当），取り入れた情報を処理する高性能な CPU（central processing unit; 中央演算装置）と大容量のメモリを搭載したコンピュータ（中枢神経系に相当），そしてコンピュータによる意思決定に基づいて行動するロボット（運動器に相当）という組み合わせからなることがわかる。高度な顔認識技術を用いて，街中の監視カメラに映し出される映像の中から特定の人物を見つけ出すことも可能であり，また，日々の行動パターンをコンピュータに記録しておき，予測プログラムを用いて行動パターンを想定することも可能である。さらには，その場に人間がいなくても，ロボットを遠隔操作してさまざまな行動を実行させることも可能である。また，独居で寝たきりの重度の要介護高齢者の生体情報（バイタ

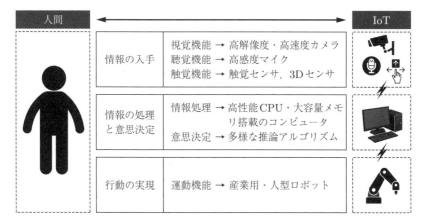

図 7.3 人間と IoT との比較例

ルサイン）をモニタして，遠隔で見守るシステムも開発されている。

インダストリー 4.0 の導入された生産現場においては，各工程における作業の進捗をセンサやモニタでリアルタイムに監視し，進捗度合いのチェックを行ったり，加工機械の停止などを瞬時に見つけ出して復旧させたりするなど，その技術が生産効率の向上に活用され始めている。

コーヒーブレイク

ロボットの種類

IoT 技術において人間の行動の機能の役割を果たす「ロボット」には，いくつかのタイプがある。生産現場において用いられるロボットは「産業用ロボット」と呼ばれ，人間の上肢機能を持つマニピュレータがその代表例である。このマニピュレータを導入することにより，重量物や危険物の運搬や加工などが，人手を要せず行えるようになった。

また，ヒト型（ヒューマノイド）ロボットは上肢機能を用いて作業を行ったり，下肢機能を用いて歩行したりするロボットである。最近では，人間との簡単な会話ができる感覚機能や知覚・認知機能を持つロボットも開発されている。また，脳血管障害の後遺症などにより下肢機能の低下した人を対象に，リハビリテーションを目的としたロボットスーツも開発されている。これは，人間が行動時に脳から発せられる生体電位信号を感知し，下肢に装着したロボットスーツを作動させて，歩行のアシストを行うものである。

7.3　AI　と　は

　IoT 技術はモノとインターネットを接続する技術であり，それによりインター
ネットに接続されたデバイスを遠隔操作することが可能となる。これまでは，
そのような操作は人間が行うものだったが，最近では人間の持つ知覚・認知処
理を再現できる **AI**（artificial intelligence; 人工知能）の開発がブームとなっ
ている。AI とは，人間の知覚・認知処理といった知能を再現できる**アルゴリズ
ム**（問題を解決するための手順）を備えたコンピュータシステムのことを指す。
処理の分野においては精度の高い AI が開発され，これを IoT に組み合わせた
自動処理システムが導入され始めている。

　以下に，AI 研究の歴史的背景と，AI のアルゴリズムを作成する手順につい
て簡単に示す。

7.3.1　3 回の AI ブーム

　最近 AI という言葉をよく耳にするが，じつは AI の研究は 1950 年代から始
まり，現在で 3 回目の研究ブームを迎えている[4]。このように，AI 研究はいま
から 70 年近くも前から始まっている。以下に，その歴史と研究対象について見
てみよう。

(1) 第 1 次 AI ブーム

　1950 年代後半から 1960 年代にかけての第 1 次 AI ブームでは，パズルや迷
路を解いたりチェスを指すといったルール（規則）とゴール（目標）が明確に
決まっている場合の推論や探索に限られたアルゴリズムが実現された。

(2) 第 2 次 AI ブーム

　第 2 次 AI ブーム（1980 年代〜1990 年代初め）では，専門家の知識をコン
ピュータに集約し，専門家に代わってコンピュータがその処理を行ってくれる
という**エキスパートシステム**の研究が進められた。エキスパートシステムの例
としては医療診断システムがある。これは，症状から病名を診断し，その治療

法や治療薬の処方など一連の知識を提示するというものである。また，**図 7.4** に示す，交通機関の利用時に欠かせない乗り換え案内は，乗車駅と降車駅および乗車時刻を入力すれば，乗り換えや運賃，到着時間を知ることができる。これらのシステムの実現化には，コンピュータの持つ CPU の高速化やメモリの大容量化といったハードウェアの進歩の恩恵も大きい。

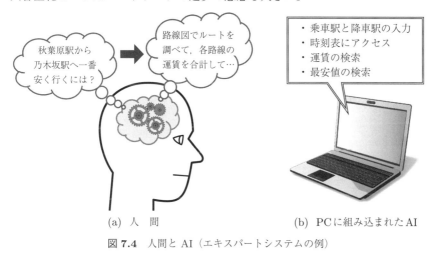

(a) 人　間　　　　　　　　　(b) PCに組み込まれたAI

図 **7.4**　人間と AI（エキスパートシステムの例）

(3) 第 3 次 AI ブーム

2000 年代に始まった現在の第 3 次 AI ブームでは，大量データの中からある基準を満たすデータかどうかを判別したり，大量データを属性ごとにグループ化し，データがどのグループに属するかを予測するアルゴリズムなどの構築が実現されつつある。これらのアルゴリズムの活用には，IoT 技術は欠かせないものとなっている。

7.3.2　AI のアルゴリズムに用いられる手順

つぎに，AI が与えられた問題に対して解答を導き出すためのアルゴリズムを作るために用いられる手法について見てみよう。AI は人工知能とも訳されるように，知能を持つシステムである。人間の場合には，さまざまな知識や経験を通して問題解決能力を学習により身に付けていく。AI の場合も同様で，与えら

れた問題に対して，入力されたデータを適切に処理して解答を出す処理を学習する必要がある。この手順を**機械学習**（machine learning）と呼ぶ。この機械学習には，**教師あり学習**と**教師なし学習**の二つの手順があり，目的によって使い分けられる[5]。

(1) 教師あり学習

まず，教師あり学習は，与えられたデータに対して，正しいデータか誤ったデータかをその都度情報として与え，学習させていくものである。よって，入力されたデータがこれまでに学習したことのないものであれば，判断が困難となり，正答率を高めるには学習回数を増やす必要がある。この手順は，入力されたデータが基準を満たすかどうかを判別したい場合などに用いられる。例えば，果物の外見を画像認識し出荷できるかどうかを判定する際などに用いられている。

(2) 教師なし学習

つぎに，教師なし学習は与えられたデータに対して正誤の情報を与えず，属性の似通ったデータをグループ化した上で，入力されたデータがどのグループに属するかを判断させるものである。

さらに**決定木**（decision tree）を用いて複数の属性間の関係性を把握し，属性の組み合わせによってどのような現象が起こるかを予測する。**図 7.5** に示す決

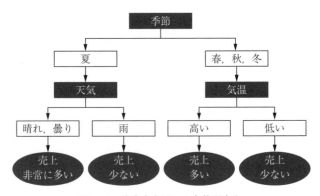

図 7.5　決定木を用いた条件別売上

定木の例は，ある海水浴場の近くにあるコンビニエンスストアの売上高を，季節と天気，気温を条件として示したものである。海水浴場は夏がハイシーズンで，天気が良い場合には売上高が多いことは常識的にわかるが，それ以外のオフシーズンでも気温が高ければ，売上も多いという結果が示される。このように，決定木を用いれば，条件を入れることにより売上の予測が可能となる。

このほか，音声認識や画像認識には，パターンマッチングの手法やニューラルネットワークの考え方に基づいてディープラーニング（深層学習）を行うなどの手法が用いられているが，詳細については専門書に委ねることとする。いずれにしても，AI技術は今後われわれの生活にどんどん浸透していくことは間違いないであろう。

7.4 労働力の補完

地域で生産されたものをその地域で消費するという意味を持つ「地産地消」という言葉がある。本来ならば，日々の食材は居住する地域で生産されたものを使用すべきである。したがって，現代のようなグローバル化が進む以前の日本では，海外生産の輸入品は珍しかった。輸入品は船便で運ばれるため時間がかかり，関税のために値段も高価なものであった。しかしながら，大型航空機の登場や冷凍技術の進歩により，工業製品のみならず生鮮食料品も国外から輸入

コーヒーブレイク

外国人就労適性試験

将来の日本における労働力を外国人労働力で補完すべく，外国人雇用協議会（The Japan Association for the Employment of Foreign Nationals）が設立され，外国人就労適性試験の作成が試みられている。試験は「共通基礎試験」と「業種別職務遂行能力試験」で構成されている[6]。共通基礎試験は，第1科目としてビジネス文化，社会常識，第2科目としてビジネスコミュニケーションについて，業種別職務遂行能力試験は，産業分類ごとに求められる個別の業務スキルについて測定・評価するものである。

されるようになった。それゆえ，需要と供給の連鎖の管理を意味するサプライチェーン（supply chain）という言葉が，モノづくりや流通の分野において定着している。

「ヒト・モノ・カネ・情報」は，経営に欠かせない四つの要素であるといわれている。モノ，カネ，情報の三つの要素に関しては，すでにサプライチェーンマネージメントの対象となっている。生産に必要なさまざまな部品（モノ）を，WAN（wide area network）を通して発注し（情報），海外から調達する。そして，その代金もオンラインで決済する。このように，モノ，カネ，情報に関しては，サプライチェーンマネージメントの技術が駆使されているといえよう。

残った「ヒト」の要素に関しては，まだその対象とはなっていない。しかし，昨今の人手不足を考慮して，日本国外からの労働力の受け入れが講じられ始めている（これに関してはさまざまな見解がある）。人手不足の原因としては，出生率の低下により今後の労働人口が減少していくことが挙げられるが，職種によっては，就労を希望する数が減少していることもその一因として考えられよう。今後は，先に述べた IoT 技術と AI の融合による労働力の代替と，日本国外からの労働力の補完が，われわれの生活環境を大きく変えていく可能性もある。

章 末 問 題

【1】 IP の仕様がバージョン 4 から 6 になることで，アドレスの数が計算上どのくらい増えるか計算しなさい。

【2】 あなたが日常生活でよく利用している AI 技術を一つ取り上げて，その仕組みを説明しなさい。

【3】 外国人労働者が増加することにより，われわれの生活環境がどのように変化するか予測してみなさい。

引用・参考文献

1 章

1 ） Hull, C.L.："Principles of Behavior: An Introduction to Behavior Theory", Appleton-Century-Crofts, Inc.（1943）

2 ） Levin, K.："Field Theory of Social Science"（Edited by Dorwin Cartwright）, Harper & Brothers（1951）

3 ） 齋藤むら子 編："職場適応工学 ― 人間主体の知覚・行動形成", pp.117～118, 日本出版サービス（2000）

4 ） Rouse, W.R.："Catalyst for Change, Concepts and Principles for Enabling Innovation", John Willy & Sons, Inc.（1993）

5 ） 杉本敏夫, 米増國雄, 南武志, 和田謙一郎 編："ケアマネジメント用語辞典", pp.34～35, ミネルヴァ書房（2005）

6 ） 糸沢克枝, 佐々木美奈子, 本名靖 編："新版 介護技術", pp.110～119, 建帛社（2005）

7 ） 杉本敏夫, 米増國雄, 南武志, 和田謙一郎 編："ケアマネジメント用語辞典", p.3, ミネルヴァ書房（2005）

8 ） 総務省「日本標準職業分類（平成 21 年 12 月統計基準設定）」のウェブページ：http://www.soumu.go.jp/toukei_toukatsu/index/seido/shokgyou/21index.htm（2019 年 8 月 14 日現在）

9 ） 公益社団法人日本 WHO 協会「世界保健機関（WHO）憲章」のウェブページ：https://www.japan-who.or.jp/commodity/kensyo.html（2019 年 8 月 22 日現在）

10 ） 土井由利子："総論 ― QOL の概念と QOL 研究の重要性", 保健医療科学, Vol.53, No.3, pp.176～180（2004）

11 ） （社）安全衛生マネジメント協会「QWL（Quality of Working Life）とは」のウェブページ：http://www.aemk.or.jp/word/ka34.html（2019 年 9 月 6 日現在）

12 ） Bandura, M.："Self-efficacy: Toward a Unifying Theory of Behavioral Change", Psychological Review, Vol.84, No.2, pp.191～215（1977）

13) 板野雄二, 東條光彦：“一般セルフ・エフィカシー尺度作成の試み”, 行動療法研究, Vol.12, pp.73〜82（1986）

14) Salvendy, G. 著, 日本能率協会 IE ハンドブック翻訳委員会 訳：“IE ハンドブック”, p.101, 日本能率協会（1986）

15) 高橋潔：“労働生活の質（QWL）に関する関連構造”, 慶應義塾大学大学院社会学研究科紀要, Vol.27, pp.11〜22（1987）

16) 政府広報オンライン「ワーク・ライフ・バランス」のウェブページ：`https://www.gov-online.go.jp/tokusyu/201302_02/sitte/index.html`（2019 年 10 月 14 日現在）

17) 渡辺直登：“産業・組織心理学”, 日本労働研究雑誌, No.621, pp.46〜49（2012）

18) Münsterberg, H.：“Psychology and Industrial Efficiency”, Mifflin and Company（1913）

19) 坪内和夫：“人間工学”, 日刊工業新聞社, p.12（1974）

20) Johnson O'conor Research Foundation「Aptitude Assessment」のウェブページ：`https://jocrf.org/testing`（2019 年 8 月 21 日現在）

21) Fitts, P.M. & Jones, R.E.：“Psychological Aspects of Instrument Display. I — Analysis of 270 'Pilot-Error' Experiences in Reading and Interpreting Aircraft Instrument”, Aero Medical Laboratory Engineering Division（1947）

22) 正田亘：“増補新版 人間工学”, p.4, 恒星社厚生閣（1997）

23) IEA「What is Ergonomics?」のウェブページ：`https://www.iea.cc/whats/index.html`（2019 年 10 月 14 日現在）

2 章

1) 松田隆夫：“視知覚”, p.1, 培風館（2002）

2) 横溝克己, 小松原明哲：“エンジニアのための人間工学 改訂第 5 版”, p.34, 日本出版サービス（2013）

3) 松田隆夫：“視知覚”, p.73, 培風館（2002）

4) 横溝克己, 小松原明哲：“エンジニアのための人間工学 改訂第 5 版”, pp.34〜35, 日本出版サービス（2013）

5) 横溝克己, 小松原明哲：“エンジニアのための人間工学 改訂第 5 版”, p.46, 日本出版サービス（2013）

6) 伊藤健治, 桑野園子, 小松原明哲 編：“人間工学ハンドブック”, p.77, 朝倉書店（2003）

7) 松田隆夫：“視知覚”, p.10, 培風館（2002）

8 ）横溝克己, 小松原明哲：“エンジニアのための人間工学 改訂第 5 版”, p.17, 日本出版サービス（2013）

9 ）Rasmussen, J.：“Skills, Rules, and Knowledge-Signals, Signs, and Symbols and Other Distinctions in Human Performance Models”, IEEE Trans., smc-13(3), pp.257〜267（1983）

10 ）田村博 編：“ヒューマンインターフェース”, p.65, オーム社（2001）

11 ）古川康一, 溝口文雄：“インターフェースの科学”, p.65, 共立出版（1988）

12 ）Spearman, C.F.：“The Abilities of Man”, Macmillan（1927）

13 ）Thurstone, L.L. & Thurstone, T.G.：“Factorial Studies of Intelligence”, University of Chicago Press（1941）

14 ）Gardner, H.：“Multiple Intelligences the Theory in Practice”, Basic books（1993）

15 ）田村博 編：“ヒューマンインターフェース”, pp.35〜36, オーム社（2001）

16 ）Reason, J. 著, 林喜男 監訳：“ヒューマンエラー ― 認知科学的アプローチ”, p.10, 海文堂（2000）

17 ）Reason, J. 著, 林喜男 監訳：“ヒューマンエラー ― 認知科学的アプローチ”, p.15, 海文堂（2000）

18 ）橋本邦衛：“安全人間工学”, 中央労働災害防止協会（1984）

3 章

1 ）独立行政法人労働政策研究・研修機構：“職業レディネス・テスト［第 3 版手引]”, p.5, 一般社団法人雇用問題研究会（2011）

2 ）渡部洋 編：“心理検査法入門 ― 正確な診断と評価のために”, pp.158〜163, 福村出版（2006）

3 ）独立行政法人労働政策研究・研修機構「職業レディネス・テスト（Vocational Readiness Test）」のウェブページ, `https://www.jil.go.jp/institute/seika/tools/VRT.html`（2019 年 9 月 17 日現在）

4 ）独立行政法人労働政策研究・研修機構：“職業レディネス・テスト［第 3 版手引]”, pp.12〜13, 一般社団法人雇用問題研究会（2011）

5 ）総務省「日本標準職業分類一般原則」のウェブページ：`http://www.soumu.go.jp/toukei_toukatsu/index/seido/shokgyou/gen_h21.htm`（2019 年 9 月 17 日現在）

6 ）厚生労働省職業安定局：“厚生労働省編一般職業適性検査手引 改訂 2 版”, pp.9〜13, 一般社団法人雇用問題研究会（2013）

7 ）厚生労働省職業安定局：“一般職業適性検査手引改訂 2 版”, p.11, 一般社団法人雇用問題研究会（2013）

8 ）一般社団法人雇用問題研究会「厚生労働省編一般職業適性検査」のウェブページ：http://www.koyoerc.or.jp/school/assessment_tool/209.html（2019 年 9 月 17 日現在）

9 ）渡部洋 編：“心理検査法入門 ─ 正確な診断と評価のために”, pp.158～161, 福村出版（2006）

10）日本心理テスト研究所株式会社「クレペリン検査とは」のウェブページ：https://sinri.co.jp/kraepelin（2019 年 9 月 18 日現在）

11）西口宏美, 佐藤馨：“Work Study 手法を用いた職業評価法に関する一考察”, 職業リハビリテーション, Vol.10, pp.17～24（1997）

12）Allen, C.R.：“The Instructor, The Man and The Job”, pp.147～150, J. B. Lippincott company（1919）

13）Senge, P.M. 著, 枝廣淳子, 小田理一郎, 中小路佳代子 訳：“学習する組織”, pp.37～47, 英知出版（2014）

14）野中郁次郎, 竹村弘高：“知識創造企業”, p.8, 東洋経済（2004）

15）野中郁次郎, 竹村弘高：“知識創造企業”, p.iii, 東洋経済（2004）

16）野中郁次郎, 竹村弘高：“知識創造企業”, pp.90～105, 東洋経済（2004）

17）渡部信一 編：“学びの認知科学辞典”, pp.264～275, 大修館書店（2010）

18）長岡健：“人材育成研究における学習モデル”, 経営システム, Vol.17, No.1, pp.39～44（2007）

19）Kolb, D.A.：“Experimental Learning-Experience as the Source of Learning and Development”, Prentice Hall（1984）

20）グローービス・マネージメント・インスティチュート：“［新版］MBA マネジメント・ブック”, p.208, ダイヤモンド社（2006）

21）産業・組織心理学会 編：“産業・組織心理学ハンドブック”, pp.160～163, 丸善（2009）

22）佐々木土師二：“産業心理学への招待”, pp.121～122, 有斐閣ブックス（2008）

23）大坊郁夫：“しぐさのコミュニケーション ─ 人は親しみをどう伝えあうか”, pp.109～135, サイエンス社（2009）

24）相川満：“人づきあいの技術 ─ 社会的スキルの心理学”, pp.22～78, サイエンス社（2001）

25）佐々木土師二：“産業心理学への招待”, pp.124～127, 有斐閣ブックス（2008）

4 章

1 ）日本モダプツ協会：“モダプツ法による作業改善テキスト”, pp.81～91, 日本出版サービス（2008）

2 ）吉本一穂：“生産現場の設計・管理・改善”, 東神堂, pp.19～24（1997）

3 ）吉本一穂, 伊呂原隆：“POM — 生産と経営の管理”, 日本規格協会, pp.122～126（2002）

4 ）吉本一穂, 大成尚, 渡辺健, “メソッドエンジニアリング”, 朝倉書店, pp.5～7（2003）

5 ）厚生労働省「職場安全のキーワード」のウェブページ：`https://anzeninfo.mhlw.go.jp/yougo/yougo28_1.html`（2019 年 8 月 27 日現在）

6 ）日本経営工学会 編：“経営工学ハンドブック”, pp.714～716, 丸善（1994）

7 ）吉本一穂, 大成尚, 渡辺健, “メソッドエンジニアリング”, 朝倉書店, pp.8～9（2003）

8 ）日本モダプツ協会：“モダプツ法による作業改善テキスト”, pp.84～85, 日本出版サービス（2008）

9 ）日本モダプツ協会：“モダプツ法による作業改善テキスト”, pp.5～6, 日本出版サービス（2008）

10）伊藤清和, 木村敏郎：“作業測定の実技”, pp.203～207, 技術書院（1977）

11）坂本碩也：“品質管理テキスト”, pp.3-6～3-12, 理工学社（1987）

12）日本モダプツ協会：“モダプツ法による作業改善テキスト”, pp.7～8, 日本出版サービス（2008）

13）JMAC「MOST～標準時間設定手法の習得～」のウェブページ：`https://www.jmac.co.jp/training/production/most/CD10-001.html`（2019 年 8 月 31 日現在）

14）日本経営工学会 編：“経営工学ハンドブック”, pp.858～860, 丸善（1994）

5 章

1 ）沼上幹：“組織デザイン”, pp.13～24, 日経文庫（2005）

2 ）鈴木竜太：“経営組織論”, pp.73～92, 東洋経済新報社（2018）

3 ）Taylor, F.W. 著, 上野陽一 訳/編：“科学的管理法”, 産能大学出版社（2000）

4 ）國澤英雄：“勤労意欲の科学 — 活力と生産性の高い職場の実現”, pp.91～130, 成文堂（2006）

5 ）國澤英雄：“勤労意欲の科学 — 活力と生産性の高い職場の実現”, p.104, 成文堂（2006）

6 ）佐々木土師二：“産業心理学への招待”, pp.21〜22, 有斐閣ブックス（2008）

7 ）佐々木土師二：“産業心理学への招待”, p.24, 有斐閣ブックス（2008）

8 ）Robbins, S.P. 著, 高木晴夫 訳：“新版組織行動のマネジメント”, pp.86〜89, ダ
イヤモンド社（2009）

9 ）金井壽宏, 高橋潔：“組織行動の考え方 ― ひとを活かし組織力を高める 9 つの
キーコンセプト”, pp.11〜19, 東洋経済新報社（2004）

10）佐々木土師二：“産業心理学への招待”, pp.45〜48, 有斐閣ブックス（2008）

11）Robbins, S.P. 著, 高木晴夫 訳：“新版組織行動のマネジメント”, pp.121〜125,
ダイヤモンド社（2009）

12）金井壽宏, 高橋潔：“組織行動の考え方 ― ひとを活かし組織力を高める 9 つの
キーコンセプト”, pp.185〜187, 東洋経済新報社（2004）

13）Robbins, S.P. 著, 高木晴夫 訳：“新版組織行動のマネジメント”, pp.256〜259,
ダイヤモンド社（2009）

14）Robbins, S.P. 著, 高木晴夫 訳：“新版組織行動のマネジメント”, pp.261〜263,
ダイヤモンド社（2009）

15）竹林浩志：“リーダーシップ研究におけるオハイオ研究の功罪”, 観光学, Vol.13,
pp.53〜61（2005）

16）Robbins, S.P. 著, 高木晴夫 訳：“新版組織行動のマネジメント”, pp.259〜260,
ダイヤモンド社（2009）

17）The Ohio State University「Leader Behavior Description Questionnaire
（LBDQ）」のウェブページ：https://fisher.osu.edu/centers-partnerships/
leadership/leader-behavior-description-questionnaire-lbdq（2019
年 10 月 9 日現在）

18）佐々木土師二：“産業心理学への招待”, pp.133〜135, 有斐閣ブックス（2008）

6 章

1 ）東清和 編：“エイジングの心理学”, pp.38〜40, 早稲田大学出版部（1999）

2 ）長友宗重：“高齢化社会に対応する建築の聴（音声情報）空間の計画及び評価に
関する研究”, 科研費補助金研究成果報告書（1992）

3 ）東清和 編：“エイジングの心理学”, pp.32〜34, 早稲田大学出版部（1999）

4 ）安梅勅江：“エイジングのケア科学 ― ケア実践に生かす社会関連性視標”, p.55,
川島書店（2000）

5 ）上田敏：“国際障害分類初版（ICIDH）から国際生活機能分類（ICF）へ”, 月刊
ノーマライゼーション ― 障害者の福祉, No.22, Vol.6, pp.9〜14（2002）

6) 上田敏："ICF：国際生活機能分類と高次脳機能障害", 高次脳機能研究, Vol.24, No.3, pp.44～52（2004）

7) 世界保健機関（WHO）："国際生活機能分類 ― 国際障害分類改訂版", pp.9～16, 中央法規（2002）

8) 大川弥生："ICF（国際生活機能分類）―「生きることの全体像」についての「共通言語」", 第 1 回社会保障審議会統計分科会生活機能分類専門委員会参考資料, pp.3-1～3-11（2006）

9) 「障害」の表記に関する作業チーム："「障害」の表記に関する検討結果について", 障がい者制度改革推進会議, 第 26 回資料 2, pp.1～16（2010）

10) 百瀬孝, 和田謙一郎 編："改訂ケアマネジメント ― 社会資源の活用と介護支援サービス", pp.165～168, 建帛社（2004）

11) 百瀬孝, 和田謙一郎 編："改訂ケアマネジメント ― 社会資源の活用と介護支援サービス", pp.165～168, 建帛社（2004）

12) ユニバーサルデザイン・コンソーシアム「ユニバーサルデザインとは？」のウェブページ：http://www.universal-design.co.jp/aboutus/idea/ada.html（2019 年 10 月 8 日現在）

13) 西口宏美："人間の主体的行動とユニヴァーサル・デザイン ― ユニヴァーサル・デザインの 7 原則の再考察", Forum21（東北公益文科大学研究論文集）, Vol.10, pp.183～197（2006）

14) 花村春樹："「ノーマリゼーションの父」N.E. バンク-ミケルセン", pp.155～156, ミネルヴァ書房（2004）

15) 国土交通省："高齢者, 障害者等の円滑な移動等に配慮した建築設計標準", pp.2-7～2-8（2012）

16) 国土交通省："高齢者, 障害者等の円滑な移動等に配慮した建築設計標準", p.2-28（2012）

17) 国土交通省："高齢者, 障害者等の円滑な移動等に配慮した建築設計標準", p.2-68（2012）

7 章

1) 日本ロボット学会："新版ロボット工学ハンドブック", pp.911～914, コロナ社（2005）

2) 山本大祐："課題解決とサービス実装のための AI プロジェクト実践読本 ― 第 4 次産業革命時代のビジネスと開発の進め方", pp.188～189, マイナビ出版（2019）

3) 株式会社富士通総研："徹底図解 IoT ビジネスがよくわかる本", pp.10～11, SB

　　クリエイティブ（2017）

4 ）Newton 編："人工知能のすべて", ニュートンプレス, 2019 年 5 月号, pp.30〜
　　33（2019）

5 ）Newton 編："人工知能のすべて", ニュートンプレス, 2019 年 5 月号, pp.42〜
　　49（2019）

6 ）外国人雇用協議会「外国人就労適性試験」のウェブページ：`https://jaefn.or.`
　　`jp/teafn/`（2019 年 9 月 27 日現在）

章末問題の解答例

1 ）伊藤健治, 桑野園子, 小松原明哲 編："人間工学ハンドブック", p.100, 朝倉書店
　　（2003）

2 ）日本医療機能評価機構のウェブページ：`http://www.med-safe.jp/contents/`
　　`info/`（2019 年 10 月 29 日現在）

3 ）適性検査.jp「適性検査の歴史」のウェブページ：`http://hr-tekisei.jp/`
　　`articles/history2016`（2019 年 9 月 29 日現在）

4 ）二宮祐："総合検査 SPI の開発経緯 ― 1960 年代から 1990 年代までを対象とし
　　て", 徳島大学教育ジャーナル, Vol.12, pp.21〜30（2015）

5 ）村上宣寛, "心理尺度の作り方", pp.99〜106, 北大路書房（2007）

6 ）山本眞理子 編："心理測定尺度集 I ― 人間の内面を探る〈自己・個人内過程〉",
　　pp.123〜128, サイエンス社（2005）

7 ）財団法人保健福祉広報協会 編："福祉機器 ― 選び方・使い方", p.18（2004）

章末問題の解答例

1 章

【1】 日常生活の行動を一つ取り上げ，S-O-R モデルで説明しなさい。

　　われわれは日常生活の中でさまざまな行動をしている。例えば，「歩行者信号の設置されている横断歩道を渡る」場面を思い浮かべてみよう。まず，歩行者信号が赤あるいは青のどちらの色を示しているかという「情報（刺激）」を「目（感覚器）」から入手する。つぎに，この情報を視神経を通じ「大脳皮質」に伝達し，信号の色が何色か「知覚」処理し，例えば赤なら青になるまで待つ，青なら左右を確認して渡るといった「認知」処理を行い意思決定する。そして，意思決定に従って「下肢機能（運動器）」を用いて行動に移すというプロセスが，S-O-R モデルに基づく人間行動の説明になる。なお，認知処理については，2 章で説明するラスムッセンの分類が有名である。

【2】 脳卒中により片麻痺（身体の片側が麻痺している状態）の障害を持った場合，日常生活行為においてどのような支障が生じる可能性があるか説明しなさい。

　　日常生活行為は，両上肢を用いて行うものが多い。脳卒中により片麻痺に障害が残った場合には，これまでできていた両手動作が困難となり，物などの保持動作や，利き手に麻痺が生じた場合には巧緻動作ができなくなってしまう。食事行為の場合には，利き手で箸やスプーン（あるいはフォーク）を持ち，もう一方の手で食器を保持するが，片麻痺の場合には食器を保持することができず，滑らせたり，倒したりしてしまう。このような場合には，滑ったり倒れたりしない食器を使用することにより食事が可能となる。更衣においては，通常両手で行うボタンの掛け外し

を，フックやマジックテープなどを使用することで，片手の動作で可能にすることができる。

【3】　人間の生活の場の一つである職業生活の場において，職務遂行という人間の行動に影響を与える要因について説明しなさい。

　　　われわれの生活の場としては，家庭，地域，職場などがある。これらの中で職業生活では，一般的な労働時間を8時間とすれば，1日24時間の中で約3分の1の時間を過ごしていることになる。職業生活においては，労働力の対価として報酬を得ることを目的としている。労働力は，労働者の持つ職務能力の発揮の結果として得られる職務上の成果によって評価される。職務能力の発揮の如何は，さまざまな要因により影響を受けるといわれている。例えば，職場の物理的環境や賃金・労働時間といった労働条件，上司や同僚との人間関係，福利厚生や経営方針といった会社組織の持つ風土などがある。これらの要因は，労働者の労働意欲（ワークモチベーション）に大きく影響し，労働意欲を高めることにより成果も上がると考えられている。また，会社組織を目標に向かって動かすリーダーシップの存在も，個々の労働者の成果を左右する大きな要因であると考えられている。

【4】　人間の行動や特性について考える場合に，産業心理学や人間工学以外にも必要なものがある。どのような学問領域が必要か考えなさい。

　　　人間の行動や特性を把握するためには，産業心理学や人間工学の考え方が重要であることを1.4節で述べた。このような学問領域のほかにも，広い範囲の学問領域の知見が用いられている。例えば，**身体計測学**では機器や設備を効率良く快適に使用してもらうために，人間の身体部位別の寸法を年齢や性別といった属性ごとにデータベース化し，設計の際必要に応じてそれらのデータを利用できるようにしている。また，**労働衛生学**においては，労働者の健康と労働環境との関係について検討し，労働者の健康の維持や増進のため労働環境の改善などに関する研究成果を提供している。このように，人間の行動や特性を把握するために幅広い学問領域の知見が活用されている。

2章

【1】 刺激によりウェーバー比の数値は変化する。それが意味することを説明しなさい。

　　ウェーバーの法則におけるウェーバー比は，元の刺激量に対する変化を感じることのできる刺激の変化量の比で求められ，その比率は一定であるとされている。よって，この比が大きければ閾値は大きく，小さければ閾値が小さいことを示す。閾値はどのくらい細かく刺激の変化を感覚できるかの指標である。例えば，聴覚機能のうち音の高さのウェーバー比は 0.003 と最も小さく，音の高さの変化には非常に敏感であることがわかる。一方で，嗅覚機能のうちゴムの臭いに関するウェーバー比は 0.25 と高く，匂いの変化には鈍感であることがわかる。

【2】 人間の三つの認知処理について示したラスムッセンの **SRK** モデルをもとにして，日常生活における行動の中から 1 事例ずつ取り上げ，その内容を説明しなさい。

　　ラスムッセンは SRK モデルを用いて，人間の認知処理には技術（skill）ベース，規則（rule）ベース，そして知識（knowledge）ベースの三つのタイプがあると指摘した。技術ベースの認知処理は，規則ベースの認知処理が習慣化したものである。大学での講義を例にとって考えてみよう。受講に際しては，時間割に示された講義時間と教室を確認し，その場所に移動して講義を受ける。これは，時間割という授業の開講規則（ルール）に従うことより，規則ベースの処理と見なされる。ある講義の試験がある日の朝，寝坊をしてしまい，通常どおりの通学方法では間に合わない。どうしてもその試験に間に合いたいが，どうすればよいか？　タクシーに乗れば間に合うかもしれない！　といったように，自分の置かれた状況を考慮し，自分の持ちうる知識や経験をもとに最善の結果が得られるような意思決定を行う場合には，知識ベースと見なされる。以前ある先生の授業を受けているとき，目が合って質問を受けて答えられなかった。このような経験から，先生と目が合いそうになったらとっさに目を

そらすようになった。これは，技術ベースの処理と見なされるであろう。

【3】 **短期記憶が長期記憶に変わる仕組みと長期記憶の特性について説明しなさい。**

　短期記憶は比較的短時間で消滅してしまうため，繰り返しその内容を想起するというリハーサルが有効であるといわれている。このようなプロセスを経て長期記憶として保つことを記銘と呼ぶ[1]。また，一度記銘された記憶の内容も長い間思い出さないとその内容はやがて消滅してしまうので，定期的に記憶を思い起こす（想起する）必要があり，それによって記憶が保持される。また，想起の内容も手掛かりなしで思い出すことができる再生と，なんらかの手掛かりをもとに思い出す再認がある。

【4】 **日本医療機能評価機構のウェブページ（http://www.med-safe.jp/contents/info/）の中から医療事故を 1 事例取り上げ，ノーマンのエラーの 3 分類をもとに事故分析を行いなさい。**

　医療安全情報 No.5（2007 年 4 月）の「入浴介助時の熱傷」の事例について考えてみよう。これは，看護師がお湯を張ったリフトバスに入院

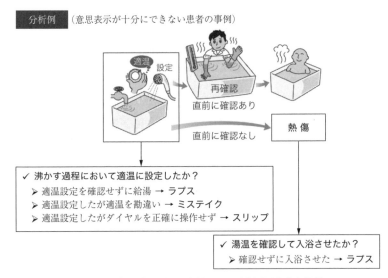

解図 2.1　入浴介助時の熱傷の事故原因の分析（医療安全情報 No.5
2007 年 4 月「入浴介助時の熱傷」）[2]

患者を入浴させた際に，お湯が高温であったために熱傷を負ったという事故事例である。**解図 2.1** に，ノーマンのエラーの 3 分類を用いた事故原因の分析例を示す。

3章

【1】　職業適性検査の一つである **SPI** について調べなさい。

　　適性検査の歴史をたどると，そのルーツは隋王朝で 587 年に始まった管理登用試験（科挙）であるといわれている[3]。その後さまざまな検査が開発された。1943 年には人間の身体機能や知的機能を検査し，職業とのマッチングを目的とした一般職業適性検査（GATB）が開発され，1952 年には厚生労働省（当時は労働省）により日本語版が発表されている。民間企業が開発した職業適性検査としては，1974 年にリクルート社が開発した **SPI**（synthetic personality inventory）が有名である。SPI には，サーストンの知能の 7 因子説に基づく知的能力の評価や，MMPI（Minnesota multiphasic personality inventory；ミネソタ多面的人格目録）など，4 種類の性格検査が含まれている[4]。検査内容に関しては，開発当初は非公開であったが，その普及により対策本なども出版されている。2013 年に発表された SPI3 が最新バージョンである。

【2】　性格特性の五つの尺度（ビッグファイブ）について調べなさい。

　　人間の基本的な性格特性が五つの次元で記述されるという考えである。1980 年代以降行われてきた，いわゆるビッグファイブに関する研究により確立された。これらの五つの因子は，外向性（extravision），協調性（agreeableness），誠実性（conscientiousness），情緒安定性（neuroticism），開放性（openness）と解釈されている[5],[6]。

【3】　図 3.7 に示すリービット（Leavitt, H.J.）のネットワークモデル[25]を用い，各型において **A** から **E** の方向に伝言ゲームを行った。伝言の順番をアルファベット順とした場合に，伝言の精度を比較しなさい。

　　サークル型の場合には，A から E まで順番に伝達され，最後の E に

対して発信者 A が確認できるので精度は高くなる。しかし，途中で伝達が間違っている場合には再伝達を行わなければならない。車輪型は，A が直接 B から E に対して直接伝言できるので，速くて精度の高いネットワークモデルであるといえる。Y 型は，B と C と D に対しては直接伝達であるので精度は高いが，D から E への伝達に対しては，その精度を確認することができない。最後の鎖型は一方向のバケツリレー方式で，Y 型と同様に最後まで正確に伝達されたか確認することができない。

【4】 アイデアの発想法であるブレインストーミングについて調べ，まとめなさい。

　　ブレインストーミング (brainstorming) は，**オズボーン** (Osborn, A.F.) が 1953 年に考案したアイデア発想法の一つである。通常 5, 6 人でグループを構成し，あるテーマに関連するアイデアを短時間で可能な限り出し合うものである。出されたアイデアをグループ化する手法として，川喜田二郎の開発した **KJ 法**が併用されることが多い。

4 章

【1】 カレーライスを作るプロセスを想定し，工程分析をしてみなさい。

　　あなたは，自分でカレーライスを作ったりするだろうか？ 筆者は時間があるときにときどき作ることがある。筆者の住んでいる東京郊外では，

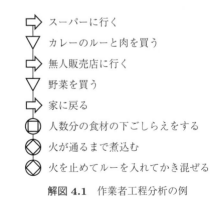

　スーパーに行く
　カレーのルーと肉を買う
　無人販売店に行く
　野菜を買う
　家に戻る
　人数分の食材の下ごしらえをする
　火が通るまで煮込む
　火を止めてルーを入れてかき混ぜる

解図 4.1　作業者工程分析の例

まだ畑がたくさんあり，無人販売店で新鮮な野菜を手に入れることがで
きる。ここで，カレーを作る工程を考えてみよう。まず，食材を調達す
るためにスーパーマーケットに行き，カレーのルーや肉を買い，つぎに
無人販売店に移動し野菜を調達する。つぎに家に帰り，人数分の食材の
下ごしらえを行う。鍋に食材を入れて火が通るまで煮込み，最後にルー
を入れ，カレーの完成。この工程を作業者（人型）工程分析で表したの
が，**解図 4.1** である。

【2】　あるオフィスにおける事務員の作業内容に関して連続稼働分析を行った
　　　結果，表 4.3 のような結果を得た。この事務員の稼働率を求めなさい。

　　　事務員の各作業に要した時間とその内容を**解表 4.1** にまとめる。この
分析結果より，事務員の稼働時間は 21 分となる。作業に要した時間が
32 分なので，稼働率は以下のように求められる。

$$稼働率 = \frac{稼働時間の合計}{観測時間} = \frac{21}{32} ≒ 0.66 = 66\%$$

解表 4.1　事務員の作業内容の分析

作業内容	時間〔分〕	内容
エクセルで名簿の作成を行い，印刷する	20	**稼働**
プリントの打ち出しが出るまで待つ	2	非稼働
打ち出しを持って，コピー機まで移動する	1	準稼働
コピー機を操作する	1	**稼働**
コピーが終了するまで待つ	5	非稼働
コピーの落丁がないかチェックする	2	準稼働
自分のデスクに戻る	1	準稼働

【3】　図 4.21 に示すように，机の上にガラス製の水差しとガラス製のコップが
　　　置いてある。利き手でコップをつかんで水差しの上に乗せる作業をサー
　　　ブリッグ分析しなさい。

　　　まず，**解図 4.2** に示すように作業を動作レベルに記述し，動作ごとに
サーブリッグ分析を行う。つぎに，サーブリッグ記号を第 1 類，第 2 類，
第 3 類に分類して，**解表 4.2** に示すような集計表を作成する。サーブリッ
グ分析は現状分析手法であり，つぎに分析結果を用いて効率的に作業が

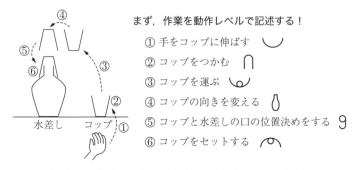

解図 4.2　作業の動作レベルでの記述とサーブリッグ分析

解表 4.2　サーブリッグ記号の集計表

分　類	記　　号
第 1 類	⋃ ⋂ ⋓ ⌒
第 2 類	⎔ ♀
第 3 類	なし

行えるよう，動作レベルでの改善を行う。今回の分析では第 3 類（非稼働）の動作はなかったので，つぎに第 2 類の動作（準稼働）を対象に改善案を考える。向きを変える動作は，コップの置き方次第で行わなくてもよい動作である。したがって，最初から口を下に向けて置いておけばよい（もちろん，清潔には気を付けて！）。さらに，位置決めは，コップや水差しの素材がガラスであるため，慎重に位置決めしないと割れてしまうことから，やむを得ず行っている動作である。よって，割れないプラスティック製にするなど，素材の変更で除去が可能である。

【4】　ある作業を対象に，ストップウォッチを用いて以下のように作業時間値を 10 回測定した。異常値を除去し，余裕率を 5 ％ として標準時間を求めなさい。

　　　（時間値）10，8，11，12，9，12，9，11，25，10〔秒〕

　　測定した 10 個の時間値データを 5 個ずつ二つのグループに分け，**解表 4.3** に示すように，それぞれのグループの時間値の平均と範囲を求め

解表 4.3　$\overline{\overline{X}}$ と $\overline{R}$ の算出

グループ	時間値	平均 ($\overline{\overline{X}}$)	範囲 ($\overline{R}$)
1	10 8 11 12 9	10.0	4
2	12 9 11 25 10	13.4	16
グループの平均		11.7	10.0

た上で，2 群の時間値の平均 $\overline{\overline{X}}$ と範囲の平均 $\overline{R}$ を求める。つぎに，異常値を確認するため，UCL と LCL を求める。式中の 0.58 は，グループ内のデータ数が 5 個の場合の A_2 の値である。

$$\text{UCL} = \overline{\overline{X}} + A_2 \times \overline{R} = 11.7 + 0.58 \times 10.0 = 17.5$$
$$\text{LCL} = \overline{\overline{X}} - A_2 \times \overline{R} = 11.7 - 0.58 \times 10.0 = 5.9$$

よって，9 番目の時間値データは異常値と判定される。異常値を除去し，9 個の時間値を平均すると，10.2 秒となる。この値が正味時間となり，余裕率は 5 % なので，標準時間は以下の式で求められる。

$$\text{標準時間} = \text{正味時間} \times (1 + \text{余裕率}) = 10.2 \times 1.05 = 10.71 \text{ 秒}$$

【5】　以下の (1)～(3) の作業を **MODAPTS** 分析しなさい。

(1)　片手を **30 cm** 伸ばして机の上のボールペンをつかみ，**15 cm** 運んでノート上の書きたい場所にペン先を置く。

　　M4G1 M3P2 と分析する。合計 10 MOD となり，1.29 秒の作業と見積られる。

(2)　片手を **15 cm** 伸ばして机の上の画びょうをつかみ，**45 cm** 運んで壁の決められた場所に押し込む。

　　　　M3G3 M5P2 と分析する。合計 13 MOD となり，約 1.68 秒の
作業と見積られる。なお，画びょうを押し込む際に，ぎゅっと指
先に力を必要とする場合には，図 4.19 に示した MODAPTS 基本
図の下段に表示されている A4（圧力を加える）という分析を付加
する。

(3) **右手を 30 cm 伸ばして机の上のワッシャをつかみ，15 cm 運んで**
　左手に持っているボルトに挿入する。また，同時に左手を 30 cm 伸
　ばして机の上のボルトをつかみ，15 cm 運んで手もとに置く。

　　　これは，右手と左手で行われる両手作業である。まずは，右手・
左手それぞれについて分析する。

　　　　（右手）　M4G3 M3P2 → 合計：12 MOD = 1.548 秒
　　　　（左手）　M4G1 M3P0 → 合計：8 MOD = 1.032 秒

MODAPTS 分析では，両手動作の場合には作業時間の長いほうを
時限動作と呼ぶ。よって，この両手作業は 1.548 秒の作業と見積も
られる。なお，MODAPTS 分析を正しく使用するには，日本モダ
プツ協会の開催する講習会を受講されたい。

5 章

【1】　ホーソン工場実験がそれまでの経営管理に与えた影響についてまとめな
さい。

　　　ホーソン工場実験以前の経営管理においては，テーラーの科学的管理
法が大量生産の現場における効率化を目的に広く導入されていた。その
考え方に基づき，さらなる生産効率の向上を目的として行われたのが，
ホーソン工場実験であった。その結果は，当初の実験仮説を覆すもので
あった。生産性は作業者の感情状態に大きな影響を受けることが明らか
になり，1 日の標準的作業量の設定による管理や能率給といった外発的
動機付けだけでは生産効率の向上は期待できないという考え方が認知さ
れていった。

【2】 職務拡大と職務充実の二つの考え方がモチベーション管理に与える影響
について説明しなさい。

　　職務拡大は，会社組織において遂行されている職務を広く経験し，仕
事を通して従業員を成長させ，労働に対して意欲を向上させるという意
図がある。一方の職務充実は，特定の職種に対して精通するべく，知識
や技能を蓄積し労働意欲を向上させるというものである。どちらも労働
意欲の向上策として有効であるが，作業者の職務意識や職種によりそれ
ぞれの効果も変わってくる。

【3】 リーダーとマネージャーの役割の違いについてあなたの考えを述べな
さい。

　　複数の人間で構成される組織を，その目標に向かって動かすリーダー
シップの存在は非常に重要である。組織の管理者は一般的にマネージャー
（管理者）と呼ばれ，会社組織が公式に認めた職域である。マネージャー
は，会社組織の目標を達成するために部下を統括し，管理する権利と義務
を有している。一方のリーダーは，公式の職域ではない場合が多く，職
務遂行の場面において異なる人材が担う場合が多い。つまり，リーダー
は組織を構成するメンバーがだれでも担う機会がある。

6章

【1】 人間の機能や能力のうち，結晶性変化を示すものを挙げなさい。

　　人間の機能や能力の変化には，流動性のものと結晶性のものがある。
流動性変化は，神経生理学的な要因により，ある年齢においてピークを
迎え，その後徐々に低下していくものである。一方の結晶性変化も加齢
の過程において生じるものであるが，経験や知識の蓄積により発揮され
る機能や能力である。よって，知識や経験に大きく依存するような場面
では，結晶性の能力が要求されることになる。

【2】 図6.4に示した国際障害分類（ICIDH）をもとにして，機能低下の例を
一つ挙げ，どのような能力障害，社会的不利が生じるか考えなさい。ま

た，能力障害や社会的不利を除去したり低減したりするための生活環境
の整備について考えなさい。

　国際障害分類（ICIDH）においては，障害を機能低下，能力障害，社
会的不利の三つの視点から捉えており，それぞれは原因と結果の関係に
あるとしている。ここで，下肢機能の低下を例に挙げて考えてみよう。
下肢機能の低下のために自力で歩行できなくなると，目的の場所まで移
動できないという能力障害が生じる。このような場合には，車いすを利
用して移動という行為を代替し，能力障害を除去する。ここで，電車を
利用してどこかに遊びに行こうとしたときに，駅までの経路や駅構内に
段差がある場合には，車いすでは段差を昇り降りできない。そのために，
どこかに遊びに行くという楽しみが奪われ，その結果，社会的不利が生
じてしまう。そのような不利を解消するために，エレベータの設置など
のバリアフリーの整備が進められている。

【3】　福祉用具（機器）の中から一つ取り上げ，どのような機能があるか説明
しなさい。

　寝台面の高さや角度を自動で調整できるギャッジベッドを例にとって
考えてみよう。**解図 6.1** にギャッジベッドの概要図を示す。このベッド
を使用すると，仰臥位（あおむけ）のまま上半身を持ち上げたり，ひざ

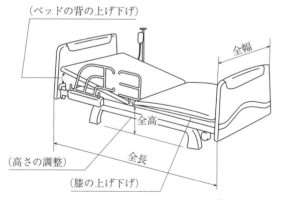

解図 6.1　ギャッジベッドの概要図[7)]

を曲げたりすることができる。また，サイドテーブルを併用することにより，ベッドから移動しなくても食事が可能となる。

【4】 A 駅から B 駅まで鉄道路線を利用して，時間どおりに書類を届けたい。図 6.17 に示すように，A 駅から B 駅までは二つの経路があり，どちらも途中で乗り換えが必要である。ここで，各路線が時刻どおりに運行している確率（信頼度）r を 90 % としたとき，どちらか 1 経路で運ぶときと 2 経路を用いて運ぶときの時間どおりに書類が届く確率（信頼度）R を求めなさい。

　　　まず，A 駅から B 駅まで 1 経路で時間どおりに書類が届く確率を r_1 とすると，$r_1 = r \times r = 0.9 \times 0.9 = 0.81$ と計算され，81 % の確率となる。もう一つの経路で時間どおりに書類が届く確率 r_2 も 81 % である。つぎに，2 経路で運ぶ場合には，両経路とも時間どおりに運行されていない確率を 1 から引いて，$R = 1 - (1 - 0.81) \times (1 - 0.81) = 1 - 0.0361 = 0.9639$ と計算され，約 96 % の信頼度が得られることになる。このように，冗長性の効果は高い。

7 章

【1】 IP の仕様がバージョン 4 から 6 になることで，アドレスの数が計算上どのくらい増えるか計算しなさい。

　　　われわれになじみの深い IP バージョン 4 は，2 進数で 32 ビットの桁数でアドレスを管理している。よって，計算上は $2^{32} = 4\,294\,967\,296$ 個のアドレスを割り振ることが可能である。約 43 億個のアドレスがあれば大丈夫だろうと考えがちだが，70 億を超える人々がそれを使っているわけで，その枯渇も心配されている。そこで，128 ビットの桁数でアドレスを管理するという新しいバージョン 6 では，計算上 $2^{128} \fallingdotseq 3.4 \times 10^{38}$ 個提供することができるのである。どうやって数えるの？ そう，筆者も知らなかったが，約 340 澗（かん）と数えるらしい。

【2】 あなたが日常生活でよく利用している **AI** 技術を一つ取り上げて，その仕組みを説明しなさい。

　筆者はユーザではないが，おそらく iPhone を愛用されている読者は多いであろう。iOS5 で稼動する iPhone4S に搭載された **Siri**（speech interpretation and recognition interface）は，発話解析や認識インタフェースを備えた AI である。この Siri に問いかけると，答えを返してくれる。では，どのような仕組みで，人間と Siri との間で会話が可能になるのか？ 最初に必要になるのが，音声認識である。つまり，問いかけをしてくる人間の話し声を理解することである。これには自然言語理解という手法が用いられている。そして，その質問に対する答えを，インターネットを経由してデータサーバの中から見つけ出してくる。そして，音声合成という技術を用い，人間にわかるように言葉にする。

【3】 外国人労働者が増加することにより，われわれの生活環境がどのように変化するか予測してみなさい。

　いまから半世紀前の，筆者が生まれ育った田舎町では，外国人に出会うことはあまりなかった。米国から来日している女性の英語教師くらいであった。筆者の実家はガソリンスタンドを経営していたので，何日かに1回，白のワーゲンに乗って給油に来るのであった。当時小学生であった筆者には，片言の日本語しかしゃべれない外国人は非常にストレンジャーな存在であったのを思い出す。余談はさておき，いまはどうだろうか？ 都会，田舎を問わず大勢の観光客が日本を訪れ，頻繁に外国人の姿を目にする。そして近い将来，多くの外国人が職を求めて日本に移住することも予想される。すでに，群馬県の大泉町には日系ブラジル人が多く住み，ブラジル文化が浸透している。言語の違い，文化の違い，宗教の違い，価値観の違いなど，さまざまな異文化がどのように受け入れられるか？ あなたは，どう考えるであろうか。

索　　引

―― 著 者 略 歴 ――

1985年　早稲田大学理工学部工業経営学科卒業
1987年　早稲田大学大学院理工学研究科修士課程修了（機械工学専攻）
1990年　早稲田大学大学院理工学研究科博士後期課程単位取得退学（機械工学専攻）
1990年　早稲田大学助手
1995年　山梨学院短期大学専任講師
1998年　九州看護福祉大学助教授
2002年　東北公益文科大学助教授
2005年　東海大学助教授
2007年　東海大学准教授
2018年　博士（経営工学）（早稲田大学）
2019年　東海大学教授
　　　　現在に至る

人間行動と組織行動 ―― パフォーマンス向上の視点から ――
Human Behavior and Organizational Behavior
―― Perspectives for Improving the Performance ―― ⓒ Hiromi Nishiguchi 2020

2020 年 3 月 23 日　初版第 1 刷発行　　　　　　　　　　　　　★

検印省略

著　者　西　口　宏　美
発 行 者　株式会社　コ ロ ナ 社
　　　　　代 表 者　牛 来 真 也
印 刷 所　三 美 印 刷 株 式 会 社
製 本 所　有限会社　愛 千 製 本 所

112–0011　東京都文京区千石 4–46–10
発 行 所　株式会社　コ ロ ナ 社
CORONA PUBLISHING CO., LTD.
Tokyo Japan
振替 00140–8–14844・電話(03)3941–3131(代)
ホームページ　https://www.coronasha.co.jp

ISBN 978-4-339-02902-4　C3034　Printed in Japan　　　　（齋藤）G

シミュレーション辞典

日本シミュレーション学会 編
A5判／452頁／本体9,000円／上製・箱入り

◆編集委員長　大石進一（早稲田大学）
◆分 野 主 査　山崎　憲（日本大学),寒川　光(芝浦工業大学),萩原一郎(東京工業大学),
　　　　　　　矢部邦明(東京電力株式会社),小野　治(明治大学),古田一雄(東京大学),
　　　　　　　小山田耕二(京都大学),佐藤拓朗(早稲田大学)
◆分 野 幹 事　奥田洋司(東京大学),宮本良之(産業技術総合研究所),
　　　　　　　小俣　透(東京工業大学),勝野　徹(富士電機株式会社),
　　　　　　　岡田英史(慶應義塾大学),和泉　潔(東京大学),岡本孝司(東京大学)

（編集委員会発足当時）

> シミュレーションの内容を共通基礎，電気・電子，機械，環境・エネルギー，生命・医療・
> 福祉，人間・社会，可視化，通信ネットワークの8つに区分し，シミュレーションの学理
> と技術に関する広範囲の内容について，1ページを1項目として約380項目をまとめた。

Ⅰ　**共通基礎**（数学基礎／数値解析／物理基礎／計測・制御／計算機システム）
Ⅱ　**電気・電子**（音　響／材　料／ナノテクノロジー／電磁界解析／VLSI設計）
Ⅲ　**機　械**（材料力学・機械材料・材料加工／流体力学・熱工学／機械力学・計測制御・
　　　生産システム／機素潤滑・ロボティクス・メカトロニクス／計算力学・設計
　　　工学・感性工学・最適化／宇宙工学・交通物流）
Ⅳ　**環境・エネルギー**（地域・地球環境／防　災／エネルギー／都市計画）
Ⅴ　**生命・医療・福祉**（生命システム／生命情報／生体材料／医　療／福祉機械）
Ⅵ　**人間・社会**（認知・行動／社会システム／経済・金融／経営・生産／リスク・信頼性
　　　／学習・教育／共　通）
Ⅶ　**可視化**（情報可視化／ビジュアルデータマイニング／ボリューム可視化／バーチャル
　　　リアリティ／シミュレーションベース可視化／シミュレーション検証のため
　　　の可視化）
Ⅷ　**通信ネットワーク**（ネットワーク／無線ネットワーク／通信方式）

本書の特徴

1. シミュレータのブラックボックス化に対処できるように，何をどのような原理でシミュ
レートしているかがわかることを目指している。そのために，数学と物理の基礎にまで立ち返っ
て解説している。

2. 各中項目は，その項目の基礎的事項をまとめており，1ページという簡潔さでその項目
の標準的な内容を提供している。

3. 各分野の導入解説として「分野・部門の手引き」を供し，ハンドブックとしての使用に
も耐えうること，すなわち，その導入解説に記される項目をピックアップして読むことで，
その分野の体系的な知識が身につくように配慮している。

4. 広範なシミュレーション分野を総合的に俯瞰することに注力している。広範な分野を総
合的に俯瞰することによって，予想もしなかった分野へ読者を招待することも意図している。

定価は本体価格+税です。
定価は変更されることがありますのでご了承下さい。

||||||||||||||||||||||||||||||||||||　図書目録進呈◆

安全工学会の総力を結集した便覧！20年ぶりの大改訂！

安全工学便覧
（第4版）

B5判・1,192ページ　本体38,000円
箱入り上製本　2019年7月発行！！

安全工学会【編】

編集委員長：土橋　　律
編 集 委 員：新井　　充　　板垣　晴彦　　大谷　英雄
（五十音順）　笠井　尚哉　　鈴木　和彦　　高野　研一
　　　　　　　西　　晴樹　　野口　和彦　　福田　隆文
　　　　　　　伏脇　裕一　　松永　猛裕

特設サイト

刊行のことば（抜粋）

　「安全工学便覧」は，わが国における安全工学の創始者である北川徹三博士が中心となり体系化を進めた安全工学の科学・技術の集大成として1973年に初版が刊行された。広範囲にわたる安全工学の知識や情報がまとめられた安全工学便覧は，安全工学に関わる研究者・技術者，安全工学の知識を必要とする潜在危険を有する種々の現場の担当者・管理者，さらには企業の経営者などに好評をもって迎えられ，活用されてきた。時代の流れとともに科学・技術が進歩し，世の中も変化したため，それらの変化に合わせるために1980年に改訂を行い，さらにその後1999年に大幅な改訂を行い「新安全工学便覧」として刊行された。その改訂から20年を迎えようとするいま，「安全工学便覧（第4版）」刊行の運びとなった。

　今回の改訂は，安全工学便覧が当初から目指している，災害発生の原因の究明，および災害防止，予防に必要な科学・技術に関する知識を体系的にまとめ，経営者，研究者，技術者など安全に関わるすべての方を読者対象に，安全工学の知識の向上，安全工学研究や企業での安全活動に役立つ書籍とすることを目標として行われた。今回の改訂においては，最初に全体の枠組みの検討を行い，目次の再編成を実施している。旧版では細かい分野別の章立てとなっていたところを
　第Ⅰ編　安全工学総論，第Ⅱ編　産業安全，第Ⅲ編　社会安全，第Ⅳ編　安全マネジメント
という大きな分類とし，そこに詳細分野を再配置し編成し直すことで，情報をより的確に整理し，利用者がより効率的に必要な情報を収集できるように配慮した。さらに，旧版に掲載されていない新たな科学・技術の進歩に伴う事項や，社会の変化に対応するために必要な改訂項目を，全体にわたって見直し，執筆や更新を行った。特に，安全マネジメント，リスクアセスメント，原子力設備の安全などの近年注目されている内容については，多くを新たに書き起こしている。約250人の安全の専門家による執筆，見直し作業を経て安全工学便覧の最新版として完成させることができた。つまり，安全工学関係者の総力を結集した便覧であるといえる。

委員長　土橋　律

【目　次】

定価は本体価格＋税です。
定価は変更されることがありますのでご了承下さい。

図書目録進呈◆